A verdade sobre o Massacre de Nanquim

A verdade sobre o Massacre de Nanquim

Revelações de Iris Chang

Ryuho Okawa

IRH Press do Brasil

Copyright © 2014, 2013 Ryuho Okawa
Título do original em inglês: *The Secret Behind The Rape of Nanking – A Spiritual Confession by Iris Chang*

Tradução para o português: Luis Reyes Gil
Cotejo com o original em japonês: IRH Press do Brasil
Revisão: Francisco José M. Couto
Diagramação: Priscylla Cabral
Capa: Maurício Geurgas
Imagem de capa: IRH Press Japão

IRH Press do Brasil Editora Limitada
Rua Domingos de Morais, 1154, 1º andar, sala 101
Vila Mariana, São Paulo – SP – Brasil, CEP 04010-100

Nenhuma parte desta publicação poderá ser reproduzida, copiada, armazenada em sistema digital ou transferida por qualquer meio, eletrônico, mecânico, fotocópia, gravação ou quaisquer outros, sem que haja permissão por escrito emitida pela Happy Science – Ciência da Felicidade do Brasil.

1ª edição
ISBN: 978-85-64658-14-1
Impressão: Paym Gráfica e Editora Ltda.

Sumário

Nota do editor 11
Prefácio 21

Comentários iniciais

❋

1
Por que entrevistar Iris Chang 25

O fim da discussão sobre o Massacre de Nanquim 25
A "estratégia de lavagem cerebral reversa" da China 28
Será que Chang foi manipulada para apoiar a visão do Japão como "vilão"? 31
O registro do Massacre de Nanquim no "Programa Memória do Mundo" 33
A mensagem espiritual e o rumo do Japão pós-guerra 35
Evocando o espírito de Iris Chang 37

Entrevista espiritual

❈

2
"Eu fui assassinada!" 39
Havia alguém perseguindo Iris Chang? 41
Quando George W. Bush assumiu o poder, as coisas começaram a mudar 43
"Eu estava virando um obstáculo. Senti que corria perigo" 46

❈

3
Os motivos para escrever o livro 49
Uma onda de protestos contra "as fotos do Massacre de Nanquim" 49
O propósito era diminuir o sentimento de culpa dos americanos em relação à Segunda Guerra Mundial? 52
"Fui usada por pessoas muito inteligentes" 54
"Recebi uma porção de fotografias enganosas" 55
"Eles puseram material falso nas minhas mãos e me fizeram escrever o que escrevi" 58

❈

4
O Massacre de Nanquim foi uma farsa 61
"350 mil vítimas era um número alto demais" 61

Os chineses usaram várias artimanhas para dar uma
falsa imagem de bárbaros ao exército japonês 64
"Quanto mais investigava, menos eu sabia o
que era verdade" 67
A verdade é que o exército japonês restaurou a ordem
pública em Nanquim em seis semanas 69
"Dói na minha consciência continuar a escrever" 73

5
*Fui usada pelos Estados Unidos
para atacar o Japão* 75

Quem estaria em apuros se Iris Chang
ficasse ciente da verdade? 75
"A Marcha da Morte de Bataan não poderia
ter sido evitada" 78
"Quanto mais investigava, mais me convencia
de que as coisas haviam sido falseadas" 80

6
A verdade sobre a versão de 300 mil pessoas 83

"Fui usada porque era o tipo de pessoa que poderia
se tornar popular entre os americanos" 83
"As pessoas reuniam os dados para mim, e eu
simplesmente fazia a compilação e escrevia o livro" 85
O número "300 mil pessoas" foi baseado no número de
pessoas que morreram nos Grandes Ataques Aéreos de
Tóquio e no lançamento das bombas atômicas 88

7
"Fui drogada e levada a cometer suicídio" 93

"Talvez até o próprio hospital estivesse envolvido" 93
"Às vezes, tinha a impressão de estar sendo seguida" 95
"Se eu ainda estivesse viva e desse uma coletiva
de imprensa, isso iria trazer-lhes problemas" 98

8
Os antecedentes do livro 101

"Naqueles dias, o inimigo potencial dos Estados
Unidos era o Japão" 101
"O Japão está sendo culpado pelos danos decorrentes
da Guerra Civil Chinesa" 103
"O estupro era, na realidade, um grave problema
nos Estados Unidos" 105
"O exército japonês fez esforços para prevenir
o estupro" 106

9
A realidade vista por Iris Chang
após sua morte 109

"Fazer a coisa parecer como se tivesse sido suicídio
por arma de fogo foi trabalho de um assassino
profissional" 109

"O inferno no mundo espiritual de Nanquim formou-se devido aos expurgos internos chineses" 112
"Ouço muitas vozes me acusando" 114
"Fui elogiada por Deng Xiaoping no mundo espiritual" 115

❀

10
"Quero que meu livro pare de ser impresso" 119

"Ainda estou sendo usada pela China e pela Coreia do Sul" 119
"Nesse exato momento, a China está tentando mandar no Japão e nos Estados Unidos" 122

❀

11
"Não houve o Massacre de Nanquim. Sinto muito" 125

"A honra do Japão deve ser restaurada" 125
"Ao povo japonês: Eu sinto muito! Por favor, me perdoem" 127
"Hoje Hitler está na China" 128
"Já está na hora de os Estados Unidos também refletirem sobre si mesmos" 131

❀

12

Comentários finais 135

Após receber a mensagem espiritual
de Iris Chang 135

❀

Epílogo 139
Sobre o Autor 141
Sobre a Happy Science 143
Contatos 145
Outros Livros de Ryuho Okawa 149

Nota do editor

Às vezes, um único livro pode determinar como a sociedade internacional vê a História, e também causar grande impacto nas relações entre os países. Se uma interpretação deturpada de um fato se espalha pelo mundo e é imposta como uma humilhação imerecida aos cidadãos de um país em particular, então, do ponto de vista humanitário e da justiça internacional, essa história precisa ser reescrita de modo objetivo e imparcial. Há uma frase bastante conhecida: "A história é escrita pelos vencedores". O processo usual é que, após a guerra, os vencedores apresentem sua versão, uma visão histórica unilateral, favorável a eles, e só aos poucos os historiadores das gerações seguintes comecem a fazer as devidas correções.

Não obstante, a história às vezes pode dar uma guinada repentina, a partir de revelações provenientes do Céu. Este livro é um raro exemplo disso. A autora de um livro que teve grande impacto na visão histórica que se espalhou pela sociedade internacional confessou hoje, por meio de uma mensagem espiritual, a verdade a respeito do conteúdo do livro dela e de seus antecedentes.

O Massacre de Nanquim e o livro

Um dos maiores casos de falseamento ocorridos no século 20 foi o chamado "Massacre de Nanquim". Consiste em dizer que o exército japonês tomou Nanquim, na China, em 13 de dezembro de 1937, e que os soldados japoneses teriam massacrado mais de 200 mil civis e prisioneiros de guerra, e estuprado 20 mil mulheres, num período de várias semanas após a tomada da cidade. A primeira vez em que esse incidente veio a público foi no Tribunal Militar Internacional do Extremo Oriente (os Julgamentos de Tóquio), iniciado em 1946. As nações vitoriosas consideraram o massacre um ato desumano perpetrado pelo exército japonês durante a Segunda Guerra Mundial.

A China ganhou força rapidamente nos últimos anos e está perto de estabelecer seu status de país hegemônico. Ao mesmo tempo, o governo chinês vem colocando o Massacre de Nanquim no centro das atenções da sociedade internacional. Em junho de 2014, o governo chinês apresentou uma solicitação à Unesco para que o organismo registrasse o material histórico referente ao Massacre de Nanquim e às chamadas "mulheres de conforto" – ou "mulheres de alívio"–, como "Memórias do Mundo".

O Estupro de Nanquim é um livro de 1997 – lançado cerca de meio século após os Julgamentos de Tóquio – que contribuiu muito para criar essa visão. Foi a partir dele que o termo "Massacre de Nanquim" voltou recentemente à tona e se espalhou depressa pelo mundo, a começar pelos Estados Unidos. Na época em que o livro foi publicado, sua autora, Iris Chang, era uma jornalista de 29 anos de origem sino-americana, em início de carreira. *O Estupro de Nanquim* era seu segundo livro. Dizem algumas fontes que, graças ao conteúdo sensacionalista do livro, que equiparava os atos desumanos dos japoneses ao holocausto perpetrado

Nota do editor

pela Alemanha nazista, e também ao fato de Chang ser uma escritora jovem e bonita, o livro conseguiu chegar à lista dos mais vendidos do *The New York Times,* onde se manteve por dez semanas, vendendo 500 mil exemplares. (Em *O Estupro de Nanquim,* Chang escreveu que cerca de 300 mil pessoas de Nanquim foram massacradas e 20 mil a 80 mil mulheres sofreram estupro. Esses números são maiores até que os relatados nos Julgamentos de Tóquio.)

Questões relativas ao Massacre de Nanquim

Atualmente, porém, a credibilidade do Massacre de Nanquim está sob forte suspeita por parte dos pesquisadores do Japão e do mundo. Muitos testemunhos dos Julgamentos de Tóquio foram usados como provas, apesar de não terem qualquer sustentação, a começar pelo dado do massacre de 200 mil pessoas. Além disso, a maioria dessas informações era sobre coisas das quais apenas se ouvira falar.

Na realidade, o exército japonês ocupou Nanquim observando as regras internacionais. A tomada da cidade foi feita de maneira muito ordenada – algo bem distante de um "morticínio em massa de civis". Na atual Copa do Mundo da FIFA, realizada no Brasil, os torcedores japoneses recolheram o lixo das arquibancadas. Essa sua atitude tão louvável repercutiu no mundo todo e foi muito elogiada. Após o terremoto e subsequente tsunami de 2011, o povo japonês da região afetada de Tohoku mostrou grande fibra e perseverança, prestando ajuda mútua para vencer as dificuldades, e com isso as áreas atingidas pelo desastre não se tornaram uma terra de ninguém. O mundo ficou impressionado. Esses são exemplos de um caráter nacional e de tradições morais muito arraigadas no povo japonês – um país que é a sede da mais antiga casa imperial do mundo e cujo povo tem grande fé no budismo e no xintoísmo. Será que os japoneses realmente perpetraram os atos cruéis e desumanos relatados nos Julgamentos de Tóquio e em *O Estupro de Nanquim*?

Muitos especialistas consideraram *O Estupro de Nanquim* um livro ridículo, desde o seu lançamento. As fotos utilizadas como registro de atos cruéis do exército japonês são todas extraídas de outros locais, e não têm nada a ver com os soldados japoneses e com Nanquim. Especialistas também apontaram que houve modificações em algumas dessas fotos – em 2005, o professor Higashinakano Shudo publicou a obra *Nanquim Jiken Shoko Shashin Wo Kensho Suru* ("Identificação das 'Evidências Fotográficas' do Incidente de Nanquim", Tóquio: Soshisha Publishing). Esse livro provou que não havia uma única foto que pudesse ser usada como prova válida do Massacre de Nanquim. No final, ficou claro que todas as fotos eram falsas, usadas com fins de propaganda.

Além disso, segundo fontes históricas disponíveis na época, a população de Nanquim era de cerca de 200 mil pessoas. Alguns afirmam que a população até cresceu para cerca de 250 mil pessoas graças à restauração da ordem feita pelo exército japonês um mês após a queda de Nanquim.

E, embora Chang Kai-chek, o supremo líder da época, afirmasse à Liga das Nações que o exército japonês bombardeara e destruíra por engano casas de civis durante

Nota do editor

o ataque a Nanquim, ele não entrou com nenhum recurso referente ao Massacre de Nanquim*.

Embora Chang tenha recebido resenhas favoráveis na época do lançamento do livro *O Estupro de Nanquim*, também recebeu muitas críticas. Em 2003, a autora publicou seu terceiro livro, que não foi um sucesso; Chang, ao que parece, entrou em depressão por volta dessa época. Em novembro de 2004, foi encontrada morta dentro do seu carro. Chang estava escrevendo seu quarto livro. A causa de sua morte foi apontada como suicídio, com um tiro na cabeça.

A confissão espiritual de Iris Chang

Apesar de todo o debate que ocorre acerca do tema, professores universitários e historiadores dos Estados Unidos e da China ainda hoje usam *O Estupro de Nanquim* como fonte para elaborar seus trabalhos acadêmicos. Muitas dessas pessoas acreditam no conteúdo do livro do jeito que está escrito, sem questioná-lo.

É muito difícil determinar a autenticidade do Massacre de Nanquim – algo que supostamente ocorreu há quase 80 anos. Há dois aspectos nisso: de um lado, o que os japoneses dizem; de outro, os motivos posteriores da China, dos Estados Unidos e das nações vitoriosas. Essa é também uma questão relacionada com a legitimidade da Segunda Guerra Mundial, e com a do regime do pós-guerra.

---

* Ver *Nihon To Shina - 1500 Nen No Shinjitsu* ("Japão e China, Verdade de 1.500 Anos), de Shoichi Watanabe, Quioto: PHP Institute, 2006.

A verdade sobre o Massacre de Nanquim

Assim, com o objetivo de fornecer um importante material para a compreensão desse assunto, estamos publicando o presente livro "A Verdade sobre o Massacre de Nanquim," que revela o estado de Chang à época de sua morte e a forte possibilidade de uma conspiração por trás de sua obra. Isso foi feito por um método do qual não se ouve falar muito: invocando o espírito de Iris Chang desde o mundo espiritual, dez anos após sua morte.

Independentemente de você acreditar ou não no fenômeno de recepção de mensagens do mundo espiritual, como ser humano individual você não pode continuar indiferente às lágrimas de desculpas da escritora e à verdade que há em suas palavras, já que essas coisas vêm do fundo do seu coração. E você talvez se pergunte: "De que modo posso responder ao seu pedido desesperado?"

O que é uma mensagem espiritual?

É a retransmissão da mensagem de um espírito por alguém que possui determinadas capacidades espirituais. Há vários exemplos disso na história. Jesus Cristo recebeu as palavras do Pai Celestial e as transmitiu ao povo; Moisés recebeu os Dez Mandamentos de Deus; e Maomé recebeu a revelação de Alá e registrou-a no Corão – essas são algumas formas de mensagem espiritual. As escrituras budistas dizem que o Buda Shakyamuni também tinha conversas espirituais com deuses e demônios. Houve muitas outras pessoas ao longo da história que tinham capacidades espirituais e transmitiram as palavras de espíritos.

Nota do editor

As mensagens espirituais da Happy Science não vêm apenas de espíritos de pessoas que viveram no passado, mas também dos espíritos guardiões de pessoas vivas* (o espírito guardião reside no mundo espiritual, e é parte da consciência da pessoa viva, além de constituir uma vida passada dessa pessoa).

Nessas mensagens, pode-se ver algo característico de uma religião que é bem diferente das demais religiões do mundo e dos médiuns espirituais: os nomes e as características desses espíritos são identificados, e as mensagens são dadas de maneira muito clara. Nem Jesus nem Maomé eram capazes de discernir o caráter dos diferentes espíritos com essa clareza. Se você comparar os dons espirituais do mestre Ryuho Okawa com os desses seres de luz, poderá concluir que ele tem a maior capacidade espiritual da história da humanidade.

O mestre Okawa consegue invocar tais espíritos de acordo com sua vontade e fazer com que transmitam mensagens por meio de seu corpo ou do corpo de algum outro canalizador. Alguns espíritos são capazes de usar o centro de linguagem de Okawa e transmitir mensagens em japonês. A consciência do mestre Okawa se mantém enquanto a comunicação é realizada, e isso o diferencia dos médiuns espirituais comuns. A maioria de suas mensagens é registrada publicamente, diante de uma plateia. Os vídeos dessas mensagens espirituais são divulgados ao público em geral, e as mensagens são também convertidas em livros.

---

* Para mais informações, ver *As Leis do Sol*, de Ryuho Okawa (São Paulo: Editora Best Seller, 2009) e http://global.the-liberty.com.

A verdade sobre o Massacre de Nanquim

Desde 2010 o mestre Okawa já registrou mensagens espirituais de mais de 200 espíritos, e a maioria delas foi publicada. Mensagens espirituais de espíritos-guardiões de políticos vivos – como o presidente dos Estados Unidos Barack Obama, o primeiro-ministro japonês Shinzo Abe e o secretário-geral e presidente chinês Xi Jinping, além de comunicações enviadas do mundo espiritual por Jesus Cristo, Thomas Edison, Madre Teresa, Steve Jobs e Nelson Mandela –, são apenas uma pequena parte do material recebido e publicado até agora. No próprio Japão, essas mensagens estão sendo lidas por uma ampla gama de políticos e divulgadas pela mídia, e o conteúdo de alto nível desses livros está provocando um impacto ainda maior na política e na opinião pública. Nos últimos anos, houve mensagens espirituais registradas em inglês, e estão sendo traduzidas para o inglês as mensagens recebidas em japonês. Elas foram lançadas em vários países, e passaram a ter um impacto em escala global.

Em junho de 2014, o número total de livros do mestre Okawa, contando com os da série de Mensagens Espirituais, ultrapassava 1.600. Essa cifra, aliada ao conteúdo das obras, prova que ele possui a mais alta capacidade espiritual na humanidade atual.

Por que as mensagens espirituais são importantes para a raça humana

Existem duas razões principais pelas quais o mestre Okawa está transmitindo e publicando um grande número de mensagens espirituais, em ritmo espantoso. Uma delas é provar

Nota do editor

a existência do mundo espiritual. Sábios da humanidade, como o Buda Shakyamuni, Sócrates, Jesus Cristo, Maomé e Newton, todos eles reconhecem a existência de espíritos e do mundo espiritual, no qual Deus e Buda residem. Devido ao atual estágio de desenvolvimento da tecnologia e sua grande evidência, há muitas pessoas na sociedade moderna que não acreditam na existência do mundo espiritual. No entanto, está em curso um movimento global de pessoas que acreditam no mundo espiritual por meio de experiências de quase-morte, espiritismo etc. No centro desse movimento, e conduzindo a mais eficiente tentativa de provar a existência do mundo espiritual, está a série de mensagens espirituais transmitidas pelo mestre Okawa.

A outra razão da publicação dessas mensagens é dar à humanidade os elementos de que ela necessita para refletir sobre o futuro da Terra. O caminho que os humanos devem tomar pode ser procurado conhecendo não só as ideias, mas às vezes também as valiosas lições extraídas dos erros cometidos pelos espíritos dos antigos líderes religiosos, políticos e cientistas. Além disso, ao revelar também os verdadeiros pensamentos e sentimentos de figuras que ainda estão vivas, podemos prever em que direção estão se orientando a política e a economia internacionais, e detectar e alertar para possíveis crises.

Esperamos que você também leia a série de mensagens espirituais da Happy Science e desperte para a Verdade eterna de que a essência que habita em seu interior é uma alma imperecível. Queremos que você descubra a verdade dos fatos históricos, que vem sendo escondida, que você tome conhecimento daquilo que está por trás dos atuais acontecimentos mundiais e, também, queremos que assuma um compromisso com a sua consciência, para se afastar da presente realidade da sociedade global e tomar a direção do futuro que a raça humana deve viver.

Ao ler este livro que está em suas mãos, e conhecer os segredos do Massacre de Nanquim e de Iris Chang, você está dando o primeiro passo rumo a esse objetivo.

Prefácio

Sinto que a publicação deste livro é muito significativa, inclusive no sentido de rever o sistema político do Japão pós-guerra e de redesenhar o mapa de estratégia global do futuro.

Acusar o Japão de crime contra a humanidade tal qual o Holocausto nazista através do chamado "Massacre de Nanquim" e, assim, acorrentar o país nas algemas do Artigo 9* da Constituição Japonesa fazem parte das estratégias – nacional, asiática e oceânica – da China. Enquanto os Estados Unidos acreditarem nesse "Grande Incidente de Nanquim", a China poderá enganar os Estados Unidos e fazê-lo partilhar o mesmo destino.

A filosofia do Japão precisa mudar, pois, de um lado, o Vietnã, as Filipinas e a Austrália estão solicitando a cooperação de defesa ao Japão e, do outro, os jatos da força aérea chinesa estão ameaçando e se aproximando até 30 metros dos jatos da Força de Autodefesa do Japão. Com a revelação da falsidade do conteúdo de *O Estupro de Nanquim*, de Iris Chang, o livro que incentivou essa visão do Japão como o "vilão", a história talvez possa dar uma grande guinada.

---

* O artigo que declara a não manutenção de forças armadas pelo Japão e sua renúncia à guerra.

Iris Chang (1968-2004)

Jornalista sino-americana. Nasceu em Nova Jersey, EUA, e foi criada em Illinois. Graduou-se em jornalismo pela Universidade de Illinois. Depois de trabalhar na Associated Press e no *Chicago Tribune*, Chang prosseguiu seus estudos na Universidade Johns Hopkins. Além de publicar *O Estupro de Nanquim* em 1997, ela comparou o incidente de Nanquim ao Holocausto e viajou por várias cidades dando palestras que faziam um apelo a "uma decidida busca e investigação dos crimes de guerra do Japão". Chang foi encontrada morta em seu carro em 2004. Concluiu-se que a causa de sua morte foi suicídio por arma de fogo.

Entrevistadores[*]

Soken Kobayashi
Vice-presidente de Relações Públicas e Administração de Riscos

Jiro Ayaori
Diretor executivo avançado da Happy Science
Editor-chefe da revista *The Liberty*

Yukihisa Oikawa
Diretor-geral de Assuntos Exteriores
Partido da Realização da Felicidade
Diretor-geral da Divisão de Política Internacional da Happy Science

As opiniões dos espíritos não refletem necessariamente as do Grupo Happy Science.

---

[*] Os cargos dos entrevistadores referem-se às suas posições hierárquicas na época da entrevista.

Por que entrevistar Iris Chang

O fim da discussão sobre o Massacre de Nanquim

RYUHO OKAWA:
Recentemente, registramos as mensagens espirituais do espírito guardião de Kiichi Fujiwara*, um especialista em política internacional. Naquela ocasião, ele afirmou: "Se você quer falar sobre o Massacre de Nanquim, precisa coletar a mensagem espiritual de Iris Chang. Se ela de fato pesquisou tudo e contou a verdade, então deve ser um anjo agora. Mas, se disse coisas que não eram verdadeiras, então deve estar no Inferno. Isso deverá esclarecer o que aconteceu, portanto vocês mesmos podem averiguar". Ele fez essa declaração como se o assunto não lhe dissesse respeito. E, de fato, pensei que fazer o que ele havia sugerido era definitivamente uma maneira de descobrir.

No entanto, por alguma razão, quando tentei ler o material sobre o incidente de Nanquim, minha cabeça começou a doer e senti meu corpo pesado, então simples-

---

* Ver *Kiki No Jidai No Kokusai Seiji* ("Política Internacional numa Era de Crise"), de Ryuho Okawa, Tóquio: IRH Press, 2014.

mente passei a me sentir muito mal. Portanto, não fiquei muito motivado a entrar nesse assunto, e deixei-o de lado por um tempo.

Ontem pensei de novo: "talvez amanhã..." e li umas 90 páginas de *O Estupro de Nanquim* à noite. Mas, de novo, minha cabeça começou a doer. Simplesmente não consegui terminar as mais de 260 páginas, e fui dormir pensando: "Bem, quem sabe outro dia" [*risadas*].

Então, por volta das 3 horas da madrugada, o professor Shoichi Watanabe apareceu no meu sonho e ficou comigo até o amanhecer. Acho que a visita não foi apenas do seu próprio espírito, acho que seu espírito guardião veio junto, e conversamos sobre diversos assuntos.

Uma parte de mim pensou que talvez o professor Watanabe estivesse preocupado com a criação da Universidade Happy Science. Mas outra parte ficou imaginando que ele talvez tivesse vindo para me incentivar, depois de eu ter desistido de ler *O Estupro de Nanquim* e ter ido dormir sem tomar a firme decisão de realizar uma pesquisa espiritual a respeito. Afinal, o incidente de Nanquim é uma questão importante e um tema que o professor Watana-

Figura 1.
Shoichi Watanabe (1930-): Acadêmico e crítico japonês especializado em língua inglesa. Professor emérito da Universidade Sofia (Tóquio). Além de sua especialidade em língua inglesa, também emite várias opiniões conservadoras por meio de livros e revistas.

be vem pesquisando e que constitui a obra de sua vida. Embora seja possível refutar esse acontecimento de várias maneiras, as pessoas que fazem essas contestações podem se sentir frustradas, já que não conseguem apresentar nenhuma "evidência consistente". E isso faz com que se sintam incapazes de dar o golpe final no assunto.

Na realidade, pesquisei a questão das mulheres de conforto* por meio de mensagens espirituais, e também investiguei com razoável profundidade as personalidades da presidente da Coreia do Sul, Park Geun-hye, e do presidente da China, Xi Jinping, por meio de mensagens espirituais de seus espíritos guardiões. Com essas tentativas, cheguei a algumas conclusões a respeito deles, e as coisas têm se desenrolado quase sempre como previ.

Quanto ao senhor Xi Jinping, nós da Happy Science fizemos declarações sobre sua personalidade e caráter e sobre o que ele provavelmente faria – e essas declarações foram feitas antes mesmo de ele se tornar presidente da China. Em geral, nossas previsões têm se confirmado.

Hoje, países como Vietnã, Filipinas e Austrália demonstram interesse em estabelecer relações com o Japão para se defenderem da China. Ao examinar essa questão, não posso concordar com a opinião de que a China tenha, de repente, se endurecido e se tornado militarista como uma reação à administração linha-dura do primeiro-ministro Shinzō Abe. Ao contrário, o que estamos vendo aqui é o surgimento da verdadeira face

---

* Ver *Kiki No Jidai No Kokusai Seiji* ("Política Internacional numa Era de Crise"), de Ryuho Okawa, Tóquio: IRH Press, 2014.

daquela nação, após um período de preparação de uma a duas décadas.

A "estratégia de lavagem cerebral reversa" da China

OKAWA:
Iris Chang era uma jovem de ascendência chinesa. Seus pais imigraram para os Estados Unidos, onde Chang nasceu, em 1968, e, portanto, é 12 anos mais jovem que eu. Ou seja, ela nasceu 23 anos após o fim da guerra e faz parte de uma geração que não sabe absolutamente nada sobre o conflito.

Figura 2.
Ver Ryuho Okawa, *The Truth of Nanking and Comfort Women Issues: A Spiritual Reading into World War II by Edgar Cayce* (Nova York: IRH Press, 2014), *Why I am Anti-Japan: Interviewing the Guardian Spirit of Korean President Park Geun-hye* (Nova York: IRH Press, 2014), *Kami Ni Chikatte Jugun Ianfu Wa Jitsuzai Shitaka* [Você pode jurar por deus que as "mulheres de conforto" existiram de fato?] (Tóquio: IRH Press, 2013), *Sekai Kotei Wo Mezasu Otoko* [O Homem que pretende governar o mundo] (Tóquio: IRH Press, 2010), e *China's Hidden Agenda: The Mastermind Behind the Anti-American and Anti-Japanese Protests* (Nova York: IRH Press, 2012).

Por que entrevistar Iris Chang

Em *O Estupro de Nanquim*, Iris contou que seus pais faziam questão de mencionar com frequência o incidente de Nanquim, desde a infância. No entanto, acho que ela também escreveu que nenhum dos dois na realidade havia presenciado o incidente. Em outras palavras, eles não haviam visto nem tido a experiência do evento, mas sabiam dele apenas por terem ouvido falar, ou seja, sob a forma de uma história contada.

Chang graduou-se em jornalismo, trabalhou como "foca" (jornalista recém-formado) em um jornal por algum tempo, e escreveu *O Estupro de Nanquim* aos 29 anos de idade. Acho que foi seu segundo livro. E o patrocínio para escrevê-lo, ao que parece, veio de pessoas de ascendência chinesa.

Chang disse algo como: embora o Holocausto da Alemanha nazista fosse bem conhecido nos Estados Unidos, quase ninguém ali, ou no resto do mundo, sabia do incidente de Nanquim. Segundo ela, todos sabiam que havia morrido muita gente durante os Grandes Ataques Aéreos sobre Tóquio e em decorrência das bombas atômicas lançadas sobre Hiroshima e Nagasaki, mas ninguém estava a par do incidente de Nanquim; portanto, ela tinha o dever de informar as pessoas sobre isso. Também vale a pena destacar que o livro dela foi publicado em 1997.

Chang afirma que esse incidente de Nanquim não era conhecido porque, após a Segunda Guerra Mundial, passou a vigorar a Guerra Fria e estabeleceu-se uma relação de antagonismo, tendo de um lado "Japão e Estados Unidos e de outro China e União Soviética", e que isso teve o efeito de tirar o incidente dos holofotes. O argumento de

A verdade sobre o Massacre de Nanquim

Chang era que, com o colapso da União Soviética e o fim da Guerra Fria, os fatos relativos ao incidente vieram de novo à luz. E ela escreveu, tendo ou não consciência disso, que, quando ocorreu o incidente de Tiananmen[*] na China, em 1989, várias informações sobre o incidente apareceram na cena internacional durante o processo, e também vieram à tona fatos sobre o Massacre de Nanquim.

No entanto, como já afirmamos no web-show da Happy Science chamado *The Fact* ("O Fato"), é muito estranho dizer: "O incidente de Tiananmen ocorreu e como resultado disso a questão de Nanquim foi descoberta". Na realidade, esse é exatamente o estilo que a China usa em sua propaganda política hoje em dia. Acredita-se que no incidente da Praça Tiananmen foram mortos milhares de estudantes, talvez até um número entre dez e vinte mil. Mas a verdade tem sido ocultada, e até hoje ainda não sabemos o número certo. A informação está sendo controlada e o governo chinês impede que todas as notícias relacionadas sejam publicadas ou transmitidas.

Chang afirma que a questão de Nanquim voltou a aparecer como resultado desse processo de pesquisa, que tinha por objetivo estabelecer comunicação com os chineses

---

[*] Em junho de 1989 houve um movimento democrático na China. Os civis que protestavam – estudantes universitários, operários de fábricas e cidadãos – ocuparam a Praça Tiananmen [ou Praça da "Paz Celestial"] pedindo a democratização da China. O governo chinês condenou os protestos tachando-os de "agitação contrarrevolucionária" e sufocou o movimento e seus apoiadores mobilizando para isso cerca de 300 mil soldados. O resultado foi um elevado número de mortes.

que viviam no exterior. Mas a verdade é que é muito provável que isso seja apenas um exemplo da "estratégia de lavagem cerebral reversa" dos chineses, que distorcem deliberadamente a história a fim de colocar o Japão como "vilão".

Será que Chang foi manipulada para apoiar a visão do Japão como "vilão"?

OKAWA:
As revistas semanais japonesas costumavam publicar chamadas como: "Quem é Iris Chang, a 'Joana d'Arc antijaponesa'?" Tenho a forte impressão que ela era uma jornalista jovem e inexperiente de vinte e tantos anos a quem foram passadas informações e instruções para que escrevesse, e que foi usada como recurso para fortalecer uma campanha nos Estados Unidos destinada a retratar o Japão como "o vilão". Acho que ela foi manipulada.

Naquela época, de 1992 a 2000, os Estados Unidos estavam sob a administração Clinton. Nesse período, os Estados Unidos e a China construíram laços muito fortes, e o volume de comércio entre os dois países era enorme. A China experimentava um pico de crescimento econômico. Como a União Soviética acabara de sucumbir, a China provavelmente tinha receio de se desintegrar também. E talvez tenha sido por isso que adotou a política de fortalecer o controle central das forças armadas e ampliar seu poderio militar, ao mesmo tempo que expandia o comércio com os Estados Unidos, numa aposta para se tornar uma potência econômica e evitar, assim, o mesmo destino da União Soviética.

A verdade sobre o Massacre de Nanquim

E com isso se iniciou a prolongada depressão de vinte anos vivida pelo Japão. Ela teve origem na década de 1990. Inclusive, foi em torno de 1997 que houve alguma "armação" contra o Japão. Nessa época, o governo japonês emitiu um pedido oficial de desculpas por meio da "Declaração de Kono", seguida pela "Declaração de Murayama"*. Essa admissão de culpa fez com que a China tentasse se aproveitar da situação para levar vantagem.

Naqueles tempos, a China ainda tinha condições de fazer o papel de vítima. No entanto, a partir de 2010 mais ou menos, o país começou a perder sua reputação de vítima e a assumir um perfil de "lobo". É preciso admitir que eles foram bem estratégicos, o que não aconteceu com o Japão.

O incidente de Nanquim veio à atenção do mundo depois que esse livro (*O Estupro de Nanquim*) foi publicado, em 1997, quando a Happy Science acabava de inaugurar os Templos Centrais de Utsunomiya, na Prefeitura de Tochigi. Construímos o Tempo Central de *Shoshinkan*, seguido pelo Templo Central de *Miraikan***. Ele acabou virando um best-seller, vendendo 500 mil exemplares. Ficou famoso nos Estados Unidos, e logo depois tornou-se conhecido tam-

---

* Declaração de Kono: uma declaração emitida em agosto de 1993 pelo então secretário-chefe do gabinete Yohei Kono, sobre a questão das mulheres de conforto, expressando "sinceras desculpas e remorsos". Declaração de Murayama: uma declaração emitida em agosto de 1995 pelo então primeiro-ministro Tomiichi Murayama. Tratava-se de um pedido de desculpas formal aos países asiáticos que o Japão governara ou cujos limites ultrapassara com seu exército.

** Dois dos quatro Templos Mestres da Happy Science. *Shoshinkan* e *Miraikan* são locais sagrados, dedicados a orações, treinamento espiritual e cultos.

bém no resto do mundo. No entanto, aos 36 anos apenas, em 2004, a autora começou a ficar debilitada pela ingestão de entorpecentes diversos, e finalmente cometeu suicídio com uma arma de fogo. Foi uma morte misteriosa. Alguns sugeriram que ela sofria com o peso da própria consciência, e outros disseram que ela havia alcançado seu limite como jornalista.

Ao que parece, enquanto pesquisava e escrevia sobre a "Marcha da Morte de Bataan", imposta por forças japonesas, Chang começou a sentir seus limites como jornalista, uma vez que, depois de fazer investigações e escrever, não conseguia moldar a informação num formato que pudesse apoiar as conclusões às quais ela queria chegar. E isso lhe provocou uma grande dor emocional.

No entanto, a verdade é que não sabemos se ela realmente cometeu suicídio ou se foi silenciada. A questão toda me parece estranha, portanto não podemos excluir totalmente a possibilidade de que tenha sido uma "queima de arquivo".

O registro do Massacre de Nanquim no "Programa Memória do Mundo"

OKAWA:
Agora vamos examinar o ambiente que cerca o Japão hoje em dia. O partido governante afirma que Japão, Vietnã, Filipinas, Austrália e outras nações precisam cooperar com as forças armadas dos Estados Unidos para montar um sistema de defesa, e está se articulando para conseguir isso. No en-

tanto, os partidos de oposição e o Partido Komeito estão se opondo veementemente.

Para agravar a situação, enquanto se discute no Japão o direito de legítima defesa coletiva*, a China anuncia que irá registrar no "Programa Memória do Mundo"** o "Massacre do Nanquim" e o incidente das "mulheres de conforto" da Coreia do Sul. E o secretário-geral do Gabinete do Japão, Yoshihide Suga, entrou com um pedido para que essa solicitação seja recusada.

Ademais, numa recente notícia, consta que os jatos chineses se aproximaram a uma distância de 30 metros dos jatos da força aérea japonesa. Não haveria como reagir, numa tentativa de legítima defesa, a um ataque à distância de 30 metros. Seja de metralhadora ou de míssil ar-ar, uma vez disparado, a queda seria inevitável.

Não sabemos se esse tipo de ocorrência foi acidental ou intencional, mas a situação presente perto das ilhas Senkaku sugere, em certo sentido, que a guerra pode eclodir facilmente a qualquer momento. E há também a possibilidade de eclodirem guerras no Vietnã e nas Filipinas. No meio disso tudo, o Japão anda envolvido apenas em acaloradas discussões a respeito da lei.

---

* Um direito garantido pela lei internacional, segundo a qual, quando um país está sob um ataque armado, o terceiro país que não está sendo diretamente atacado pode cooperar também para defendê-lo.
** Um dos programas da Unesco lançado para propiciar a preservação da herança documental mundial por meio das mais recentes técnicas digitais, a fim de torná-las disponíveis a pesquisadores e ao público.

Por que entrevistar Iris Chang

Mas qual é a raiz disso tudo? Eu afirmaria que a origem está nas questões do "Massacre de Nanquim" e das "mulheres de conforto".

A mensagem espiritual e o rumo do Japão pós-guerra

OKAWA:
Já fizemos no passado uma sessão sobre a questão das mulheres de conforto*. Daquela vez, examinamos o assunto com uma *leitura espiritual* de Edgar Cayce.

Além do mais, o espírito guardião do senhor Kiichi Fujiwara disse que, como a autora do livro *O Estupro de Nanquim* faleceu, devemos ser capazes de gravar uma mensagem espiritual a respeito**. Se fizermos perguntas diretamente à escritora, e conduzirmos uma investigação sobre sua condição pós-morte, provavelmente conseguiremos descobrir a verdade. Portanto, quero tentar isso.

Toda vez que tento ler o livro, minha cabeça começa a doer e meu corpo fica pesado, por isso não estou conseguindo ler o material detidamente. Assim, vou convocar a própria autora e deixar as particularidades por conta de vocês [os entrevistadores].

Iris Chang nasceu nos Estados Unidos, portanto suponho que naturalmente ela venha falando inglês. Mas,

---

* Ver *The Truth of Nanquim and Comfort Women Issues* ("A Verdade sobre as Questões de Nanquim e das Mulheres de Conforto"), de Ryuho Okawa, como já citado.
** Ver *Kiki no Jidai no Kokusai Seiji* ("International Politics in an Age of Crisis"), de Ryuho Okawa, como já citado.

pelo seu nível de inglês, certamente vou conseguir fazer interpretação simultânea. Portanto, vou falar em japonês o quanto possível, para poupar tempo.

Talvez haja uma defasagem de meio segundo ou um segundo e não haja fluência, mas vou tentar em japonês. Se acabar falando inglês em alguns momentos, por favor, me perdoem. Nesse caso, peço a um dos entrevistadores, o senhor Oikawa, ou alguém mais, que lide com isso.

Ela é uma jornalista formada pela Universidade de Illinois e faleceu aos 36 anos de idade. Sendo alguém com esse nível de instrução, sou perfeitamente capaz de entender o seu vocabulário. Então acho que vamos fazer a sessão inteira em japonês.

Até hoje, nunca conversei com o espírito de Chang. Se ela ainda estiver atormentada, não conseguiremos falar com ela. Nesse caso, simplesmente não haverá o que fazer.

Além disso, no que se refere às especificidades dessas questões, se a sessão terminar sem que tenha havido de fato nenhuma discussão séria ou importante, sempre poderemos convocar alguém como o general Iwane Matsui

Figura 3.
Iwane Matsui (1878-1948): General do Exército Imperial Japonês e supremo comandante na Batalha de Nanquim. Foi sentenciado à morte por sua responsabilidade pela batalha, no Tribunal dos Crimes de Guerra de Tóquio.

Por que entrevistar Iris Chang

e perguntar-lhe o que realmente aconteceu. Mas se ela já nos contar tudo, melhor ainda.

Muito bem, então; todos prontos para começar?

Acredito que essa é uma questão importantíssima para antever o rumo que o sistema pós-guerra do Japão está tomando. E, em certo sentido, acho que a mensagem espiritual de hoje se tornará um registro muito valioso. Se as informações gravadas nas mais de 250 edições que publiquei em nossa série de livros sobre mensagens espirituais são verdadeiras, então esta sessão poderá ser considerada verdadeira também.

O Estupro de Nanquim, escrito pela jovem sino-americana Iris Chang, virou best-seller e colocou o Japão no mesmo nível da Alemanha nazista, responsável pelo Holocausto. Portanto, a questão é: Os fatos narrados neste livro são realmente verdadeiros? A autora faleceu há dez anos, por isso gostaríamos de perguntar o que ela pensou a respeito desse assunto desde que voltou ao outro mundo, e lançar, desse modo, alguma luz sobre a verdade.

Embora eu não possa saber se a autora será sincera e admitirá a verdade, sinto que aos poucos ela será revelada no decorrer da discussão.

Evocando o espírito de Iris Chang

OKAWA:
Muito bem, então. Vou evocar o espírito da senhora Iris Chang, a autora de *O Estupro de Nanquim,* para que venha até a Matriz da Happy Science.

A verdade sobre o Massacre de Nanquim

Iris Chang, autora de *O Estupro de Nanquim*.
Iris Chang, autora de *O Estupro de Nanquim*.
Peço que desça até a Matriz da Happy Science e nos conte a verdade apreendida no mundo espiritual.
Iris Chang, autora de *O Estupro de Nanquim*.
Iris Chang, autora de *O Estupro de Nanquim*.
Peço que desça até a Matriz da Happy Science e nos revele a verdade que você descobriu no mundo espiritual.
[*Aproximadamente 25 segundos de silêncio.*]

2

"Eu fui assassinada!"

IRIS CHANG:
Uf! [*Toma fôlego.*]

SOKEN KOBAYASHI:
É a senhora Iris Chang?

IRIS CHANG:
Uf, uf... [*Recuperando o fôlego.*]

KOBAYASHI:
Sua respiração está bem ofegante.

IRIS CHANG:
Uf, uf, uf...

KOBAYASHI:
O que aconteceu com você?

IRIS CHANG:
[*Tosse violentamente.*]

KOBAYASHI:
Você está sofrendo?

IRIS CHANG:
[*Tosse violentamente.*] Cof! Cof, cof, cof, cof...

KOBAYASHI:
Você está doente?

IRIS CHANG:
Ai, ai... [*gemendo de dor*]. Uf, uf, uf .... Oh... oh... oh... oh... oh. Ai, ai!

KOBAYASHI:
Você parece estar assustada. Qual é o motivo disso? Está com algum remorso?

IRIS CHANG:
Ai, ai, aaaiii, aaaiii, uh. Uf, uf, uf... Estou sofrendo... Uf, uf, uf...

KOBAYASHI:
Como assim?

IRIS CHANG:
Estou sofrendo...

KOBAYASHI:
Sofrendo? Mas o que lhe traz tanto sofrimento assim?

IRIS CHANG:
Ai... O quê? Bem... O que poderia, o que poderia ser...?

"Eu fui assassinada!"

KOBAYASHI:
Sim? O que poderia ser?

IRIS CHANG:
O que poderia ser... O que poderia ser... Oh! [*Choro.*]

KOBAYASHI:
Você não consegue aceitar a sua condição atual, na vida após a morte...

IRIS CHANG:
[*Grita e chora alto.*]

JIRO AYAORI:
Soubemos que você se suicidou. Você não está conseguindo entender a condição em que está depois disso?

IRIS CHANG:
[*Soluços.*] Eu não entendo... Não entendo... Não entendo... Não entendo... Não entendo...

Havia alguém perseguindo Iris Chang?

AYAORI:
Você não entende? Consegue lembrar quais eram as circunstâncias quando se matou?

IRIS CHANG:
Ah! Eu fui assassinada!

A verdade sobre o Massacre de Nanquim

KOBAYASHI:
Assassinada!

AYAORI:
Você disse que foi assassinada?

IRIS CHANG:
[*Chorando.*] Isso mesmo, eu... eu fui assassinada.

KOBAYASHI:
Eles disseram que seu crânio foi perfurado por uma bala.

IRIS CHANG:
Ahnn... Eu fui assassinada.

KOBAYASHI:
Então você foi assassinada. Bem que suspeitava disso.

IRIS CHANG:
Fui assassinada, assassinada!

KOBAYASHI:
Quem matou você?

IRIS CHANG:
Eu não sei!

KOBAYASHI:
Você não sabe?

"Eu fui assassinada!"

IRIS CHANG:
Não sei.

AYAORI:
Havia um bilhete ou algo assim, na cena do suicídio. Nele estava escrito que alguma organização nos Estados Unidos estava perseguindo-a, e que você não tinha para onde fugir.

IRIS CHANG:
Sim, é isso. [*Voz trêmula.*] Eu estava sendo perseguida... Eu não sei! Simplesmente não sei.

AYAORI:
Você não sabe?

Quando George W. Bush assumiu o poder, as coisas começaram a mudar

IRIS CHANG:
Depois que escrevi o livro, fui considerada uma espécie de heroína durante um tempo, até que começaram a acontecer coisas estranhas à minha volta.

KOBAYASHI:
"Coisas estranhas?" Por favor, explique isso melhor.

IRIS CHANG:
O anterior... Bush?

KOBAYASHI:
Sim, George W. Bush, presidente dos Estados Unidos na época.

IRIS CHANG:
Certo. Mais ou menos na época em que ele assumiu, o rumo das coisas ficou muito estranho.

KOBAYASHI:
Isso foi em 2001.

IRIS CHANG:
Eu tinha apoio da China, mas... Quando o presidente Bush, e o primeiro-ministro do Japão... Koizumi?

KOBAYASHI:
Sim, ele mesmo. Jun'ichiro Koizumi era o primeiro-ministro na época.

IRIS CHANG:
Certo. Foi nessa época que as coisas começaram a mudar.

KOBAYASHI:
Entendo.

IRIS CHANG:
A atitude dos Estados Unidos mudou um pouco. As críticas do Japão tornaram-se muito duras.

"Eu fui assassinada!"

KOBAYASHI:
É verdade.

IRIS CHANG:
Foi mais ou menos nessa época que as coisas começaram a dar errado com o lobby da China.

KOBAYASHI:
Sei, o lobby começou a dar errado.

IRIS CHANG:
Isso mesmo.

KOBAYASHI:
Então, quer dizer que até esse momento vinha sendo feito um lobby.

IRIS CHANG:
O rumo das coisas mudou. De alguma maneira comecei a ver claramente que estava sendo perseguida.

KOBAYASHI:
Entendo.

IRIS CHANG:
Eu passei a ser perseguida, mas por quem? Por algum grupo chinês? CIA? FBI? Ou quem sabe pela máfia japonesa?

KOBAYASHI:
Acho que podemos excluir essa última hipótese.

IRIS CHANG:
Não sei exatamente como, mas as coisas começaram a ficar estranhas para o meu lado.

KOBAYASHI:
As coisas começaram a ficar estranhas?

"Eu estava virando um obstáculo. Senti que corria perigo"

AYAORI:
Você tinha o apoio do lobby de uma organização chinesa chamada Aliança Global para Preservar a História da Segunda Guerra Mundial na Ásia [a GA]. Mas as suas relações com a GA também se deterioraram, certo?

IRIS CHANG:
Ahh... Ahh, ahh... Bem, basicamente, China e Estados Unidos estavam tentando se unir contra o Japão, mas, de repente, os Estados Unidos e o Japão se aproximaram de novo. Foi quando comecei a ter a sensação de que eu estava virando um obstáculo.

KOBAYASHI:
Entendo. Então, foi essa a sua sensação?

IRIS CHANG:
Isso mesmo. Senti que corria perigo.

"Eu fui assassinada!"

KOBAYASHI:
Sentiu que estava correndo perigo.

IRIS CHANG:
Isso.

YUKIHISA OIKAWA:
Quando você diz que estava sendo "um obstáculo", você quer dizer um obstáculo para os Estados Unidos? Ou para a GA?

IRIS CHANG:
Não sei. Talvez eu estivesse na mira de ninjas japoneses.

OIKAWA:
[*Risos.*] Duvido muito. Bem, a GA estava apoiando você. Você não poderia estar sendo um obstáculo para ela, não importa o quanto os Estados Unidos e o Japão estivessem se aproximando. Você realmente acredita que a GA poderia estar perseguindo você?

IRIS CHANG:
Simplesmente não sei. Mas tenho a sensação de que eles podem ter me silenciado pelo fato de o meu livro, *O Estupro de Nanquim*, ter sido um sucesso.

OIKAWA:
Entendo.

# 3

Os motivos para escrever o livro

Uma onda de protestos contra "as fotos do Massacre de Nanquim"

AYAORI:
Será que você não estava também começando a ter dúvidas sobre as coisas que escreveu em *O Estupro de Nanquim*?

IRIS CHANG:
As contestações que vinham do Japão eram bastante agressivas.

OIKAWA:
Sim, de fato.

IRIS CHANG:
Houve muitas contestações depois que o livro foi publicado, mesmo antes de ter sido traduzido para o japonês. Então, depois que saiu a tradução para o japonês, eu passei a sofrer ataques verbais terríveis. Eu sentia como se de repente um monte de ninjas fosse vir do Japão para me atacar.

AYAORI:
[*Risos*] Oh não, eu acho que os únicos ataques que vinham do Japão eram apenas verbais.

KOBAYASHI:
Quando você diz que sentia que havia virado um obstáculo para eles, será que não era porque você havia ficado com a impressão de que algumas coisas que disse em seu livro eram mentiras?

IRIS CHANG:
[*Soluçando.*] As pessoas começaram imediatamente a apontar coisas do meu livro que não correspondiam à realidade.

KOBAYASHI:
Sim, é isso mesmo. Como você passou a encarar essas coisas que eram apontadas? E o que pensa disso agora?

IRIS CHANG:
As pessoas diziam que as fotos que eu coloquei no livro como "fotos do Massacre de Nanquim pelo exército japonês" eram de uma coleção de fotos que não tinha nada a ver com aquilo.

KOBAYASHI:
E de fato não tinham. Nenhuma delas.

IRIS CHANG:
Esse foi o início dos ataques dirigidos contra mim, e foram ataques muito agressivos. As fotos dos tanques japoneses entrando em Nanquim e destruindo a cidade...

KOBAYASHI:
Sim.

Os motivos para escrever o livro

IRIS CHANG:
"Em 1937, aquele tipo de tanque ainda não havia sido construído", e assim por diante. As pessoas me criticaram por coisas como essa, dizendo que eram contrárias aos fatos. Fui criticada em muitos aspectos, por escrever coisas sem ter sustentação suficiente.

KOBAYASHI:
O que você pensa disso agora?

IRIS CHANG:
Bem, eu nasci bem depois do fim da guerra, então não conheci a realidade diretamente, mas meus pais me contaram que houve um massacre em Nanquim, então achei que fosse verdade. Peguei coisas que, para mim, eram comprovações dessa história, e escrevi sobre elas.

Figura 4.
As Figuras 4 a 7 são imagens usadas no livro *O Estupro de Nanquim*. De acordo com os pesquisadores, o tanque do exército nesta foto é o carro blindado leve Tipo 97. Sua produção começou em 1938 e ele foi usado em Kumamoto em 1940, pela primeira vez no Japão. Além disso, segundo alguns, esse modelo não era equipado com lança-chamas.

A verdade sobre o Massacre de Nanquim

O propósito era diminuir o sentimento de culpa dos americanos em relação à Segunda Guerra Mundial?

KOBAYASHI:
Gostaria de lhe fazer uma pergunta bem direta. O livro à sua esquerda é a tradução para o japonês de *O Estupro de Nanquim*. No início não foi possível lançá-lo no Japão, mas depois foi finalmente publicado aqui.

IRIS CHANG:
Ah. Sim.

KOBAYASHI:
Diz o livro que você ouviu essa história dos seus pais. Mas você ouviu esses relatos deles com esse grau de detalhe, do jeito que está no livro?

IRIS CHANG:
Não. Acho que eles não estavam em condições de fazer um relato tão detalhado.

KOBAYASHI:
Não, não estavam.

IRIS CHANG:
Acho que era mais um boato, algo assim.

KOBAYASHI:
Sim, porque não havia como eles saberem sobre todos os detalhes que você apresenta no livro. A verdade é que você

Os motivos para escrever o livro

não teve realmente um diálogo nesses termos com eles, os seus pais, não é?

IRIS CHANG:
Odeio admitir isso, mas os Estados Unidos talvez tenham modificado a visão histórica da guerra. Os Estados Unidos quiseram usar o Massacre de Nanquim para diminuir seu sentimento de culpa pelo envolvimento na guerra contra o Japão, por terem atacado o Japão do jeito que fizeram – com os massacres em larga escala nos Grandes Ataques Aéreos de Tóquio e o lançamento das bombas atômicas em Hiroshima e Nagasaki. Então tínhamos um interesse comum. Mas quando George W. Bush se tornou presidente, o rumo das coisas começou a mudar.

KOBAYASHI:
As condições começaram a mudar.

IRIS CHANG:
Isso.

AYAORI:
Quer dizer que os Estados Unidos tentaram trazer de volta o assunto do incidente de Nanquim na década de 1990?

KOBAYASHI:
Durante a administração Clinton?

IRIS CHANG:
Houve várias guerras depois da Guerra da Coreia e da Guerra

do Vietnã. Depois, em 2001 ocorreram os atentados terroristas de 11 de setembro. Após algumas experiências de guerra contra o islamismo, os Estados Unidos começaram a fortalecer as relações com seus aliados.

KOBAYASHI:
Lutas contra com a Al Qaeda, por exemplo.

IRIS CHANG:
Então, sem dúvida, a partir disso, houve um retrocesso na ideia de que expor os crimes do Japão poderia ser benéfico para os Estados Unidos.

KOBAYASHI:
Sim, com certeza.

"Fui usada por pessoas muito inteligentes"

KOBAYASHI:
Antes de entrarmos nessa discussão da situação política geral, gostaria de voltar à nossa pergunta anterior. Foi realmente dos seus pais que você ouviu a história detalhada que aparece no seu livro?

IRIS CHANG:
Não. Meu pai e minha mãe eram ambos pesquisadores científicos. Eles na realidade não sabiam muita coisa sobre a história japonesa. Não acho que conhecessem bem essas coisas.

Os motivos para escrever o livro

KOBAYASHI:
Então, na realidade eles não sabiam muito bem como tinham ocorrido os eventos em Nanquim?

IRIS CHANG:
Duvido que soubessem das coisas em detalhe. Não eram jornalistas ou historiadores, então é pouco provável que tivessem um conhecimento detalhado.

KOBAYASHI:
Objetivamente falando, parece que você pegou as coisas que ouviu como vagos rumores e usou sua competência jornalística para compor uma história e apresentá-la como fato.

IRIS CHANG:
Bem... Eu também posso ter sido usada.

KOBAYASHI:
Você tem a impressão de ter sido usada?

IRIS CHANG:
Tenho a sensação de que fui usada por pessoas muito inteligentes.

"Recebi uma porção de fotografias enganosas"

AYAORI:
Você quer dizer que eles a usaram passando-lhe uma série de fotos e outros materiais relacionados aos eventos em questão?

A verdade sobre o Massacre de Nanquim

IRIS CHANG:
Isso mesmo. Eles me entregaram muito material. Havia uma porção de gente que ficava a toda hora me dando coisas.

OIKAWA:
Quem dava?

IRIS CHANG:
Quem? O pessoal da China...

OIKAWA:
A GA?

IRIS CHANG:
A GA e outras pessoas. Eles juntaram material de várias fontes. Quero dizer, as fotos. Havia montes de fotos horríveis. Um monte de cabeças decepadas, enfileiradas.

KOBAYASHI:
Sim.

Figura 5.
A legenda que identifica essa foto diz: "Cabeças cortadas de vítimas de Nanquim". Mas, na realidade, a exibição pública de cabeças decapitadas era proibida pela legislação japonesa desde 1879 e não foi mais registrada desde então. Ao contrário, porém, esse costume ainda era vigente na China mesmo na década de 1930. As cabeças desta foto provavelmente são de vítimas da Guerra Civil Chinesa, de criminosos políticos ou bandidos a cavalo, mortos pelos chineses.

Os motivos para escrever o livro

IRIS CHANG:
Gente sendo morta. Muitos corpos dentro de um rio.

KOBAYASHI:
Pessoas mortas. OK.

IRIS CHANG:
Havia muitas dessas fotos. Muitas...

OIKAWA:
Mas, como se viu depois, eram todas falsas, certo?

IRIS CHANG:
Sim. Isso foi um grande golpe para mim. Por exemplo, havia uma cabeça cortada, com um cigarro na boca. Mais tarde constatou-se que algum americano havia montado isso, de brincadeira. Decepar uma cabeça e enfiar-lhe um cigarro na boca não é algo que os japoneses fariam.

OIKAWA:
Não, com certeza não é.

IRIS CHANG:
Então, coisas assim, e um rio cheio de cadáveres. A implicação é que os japoneses haviam massacrado pessoas no rio, mas na realidade os corpos das pessoas que haviam morrido na guerra eram carregados pela correnteza do rio para aquele local.

KOBAYASHI:
Sim, Isso também foi manipulado. Uma imagem de uma

cena diferente, que havia sido publicada em uma revista japonesa, era cortada e usada com outros fins.

IRIS CHANG:
Isso mesmo, isso mesmo! As críticas afirmavam esse tipo de coisa, e que os tanques mostrados nas fotos ainda não haviam sido produzidos.

KOBAYASHI:
Certo. Aqueles tanques apareceram pela primeira vez num campo de batalha três anos mais tarde. Ainda não existiam em 1937.

"Eles puseram material falso nas minhas mãos e me fizeram escrever o que escrevi"

IRIS CHANG:
Sim, sim, isso mesmo. Coisas assim acabaram aparecendo. Eles puseram material falso nas minhas mãos e me fizeram escrever o que escrevi. Eu percebia que algumas coisas não eram bem o que pareciam ser.

Figura 6.
Essa foto apareceu originalmente na revista *Life* de 10 de janeiro de 1938. A legenda dizia que a cabeça era de um chinês antijaponês, e que havia sido colocada ali em "14 de dezembro, pouco antes da queda de Nanquim". No entanto, 14 de dezembro é uma data posterior à queda de Nanquim. A legenda impressa na revista *Life* sugere fortemente que os militares japoneses haviam sido responsáveis por essa abominação, mas não há nenhuma prova concreta disso. Na verdade, tudo o que foi apresentado como prova é questionável.

Os motivos para escrever o livro

KOBAYASHI:
Então você sabe que foi enganada?

IRIS CHANG:
Sim. De certa forma, eles me levaram a escrever aquelas coisas.

KOBAYASHI:
Levaram você a escrever. OK.

IRIS CHANG:
O jornalismo tem o dever de... Eu estava procurando justiça. Eles diziam: "Essa é a sua oportunidade de se destacar, de ficar famosa. Nós lhe daremos o dinheiro, o patrocínio. Escreva o livro". Ou então: "A gente cuida dos anúncios para garantir que você tenha publicidade". Ficaram me iludindo com essas boas perspectivas. Mas, mais tarde, quando fui criticada por várias coisas, muitas fotos diferentes começaram a surgir.

Figura 7.
Essa foto foi usada em *O Estupro de Nanquim* com a legenda "Cadáveres de cidadãos de Nanquim foram arrastados até as margens do Yang-tsé e atirados no rio". No entanto, muitos soldados chineses não vestiam o uniforme militar oficial; trajavam-se como civis e faziam guerrilhas. Portanto, é muito provável que os cadáveres que estão sendo banhados pela água sejam de soldados chineses mortos ou que se afogaram ao fugir da batalha travada rio acima. Contrariando a explicação dada por Iris Chang, os soldados japoneses não atiraram os cadáveres dos cidadãos no rio.

4

O Massacre de Nanquim foi uma farsa

"350 mil vítimas era um número alto demais"

KOBAYASHI:
Só para confirmar, você concorda que as fotos que eles puseram em suas mãos eram falsas?

IRIS CHANG:
Eu compreendia que eles tinham seus sentimentos e suas razões, mas sentia que o que eles me faziam escrever estava em desacordo com os fatos.

AYAORI:
Você acabou de dizer que as fotos divergiam claramente daquilo que realmente ocorreu. E quanto às outras evidências?

IRIS CHANG:
Essas eram decididamente equivocadas. Antes de entrar em Nanquim, o exército japonês havia lutado em Xangai. Os japoneses sofreram muitas baixas, mais de 15 mil soldados japoneses foram mortos. Depois disso, o exército japonês entrou em Nanquim. Eu escrevi: "Em seis semanas em Nanquim, ao que parece o exército japonês matou em torno de 350 mil pessoas – entre 260 mil e 370 mil pessoas".

Escrevi que, como essa atrocidade ocorrera num prazo de apenas seis semanas, era comparável em escala ao Holocausto ou a demais atrocidades.

KOBAYASHI:
Mas, como os seus críticos apontaram, houve um jornal alemão da época – isso foi quando a Alemanha ainda era neutra em relação às ações do Japão na China – que relatou que o número de habitantes de Nanquim na ocasião deveria ser inferior a 150 mil pessoas. Como então, perguntava o jornal, poderiam os japoneses ter matado 300 mil ou 350 mil pessoas em Nanquim se, para começar, a população da cidade era inferior a 150 mil habitantes? Isso fez sua mentira ficar bastante evidente.

IRIS CHANG:
Escrevi que os refugiados e outras pessoas haviam aumentado a população da cidade para cerca de 550 mil, e desses, 350 mil haviam sido mortos. Essa cifra foi um pouco exagerada.

KOBAYASHI:
Saiba que este trecho vai ficar registrado. Inclusive, vou lhe apresentar o contra-argumento para esse ponto. Você disse que havia refugiados que entraram em Nanquim vindos da área em torno da cidade, mas na realidade, em 13 de dezembro de 1937, esta foto (ver Figura 8) da entrada do exército japonês em Nanquim mostra que, como a batalha estava próxima, não ficara vivalma em Nanquim. As fotos mostram a cidade praticamente vazia quando foi capturada pelo exército japonês.

O Massacre de Nanquim foi uma farsa

IRIS CHANG:
Sim, quase todos tinham ido embora...

KOBAYASHI:
Portanto, não havia como matar...

IRIS CHANG:
Provavelmente, eu tinha entendido que aqueles que haviam fugido tivessem sido mortos. Levando o argumento a extremos, escrevi a certa altura: "300 mil pessoas foram mortas, e sobraram apenas cinco". Restou só a casa de um missionário estrangeiro, afirmei. Suponho que isso foi um grande exagero.

Figura 8.
O exército japonês entrando em Nanquim no dia 13 de dezembro de 1937: "A Unidade Ono avança pela Estrada de Zhongshan" [legenda original em japonês. A foto foi usada pela primeira vez em *Shina Jihen Gaho vol.13* (Notícias ilustradas da Segunda Guerra Sino-Japonesa, vol. 13), publicado em 27 de janeiro de 1938].

KOBAYASHI:
Sim, foi um exagero, e muita maquiagem...

IRIS CHANG:
Quando interrogado a respeito disso, esse missionário estrangeiro disse: "Havia muita gente aqui, mas depois foram todos embora". Isso me levou a escrever que "o número de pessoas caiu de 300 mil para cinco". E foi assim que acabou ficando.

KOBAYASHI:
"Ah, acabou ficando"?

IRIS CHANG:
Bem, acho que preciso dizer que fui levada a escrever assim. Fui manipulada para escrever isso dessa forma.

Os chineses usaram várias artimanhas para dar uma falsa imagem de bárbaros ao exército japonês

KOBAYASHI:
Certo. Entre os registros, havia relatórios e documentos declarando que na realidade eram os soldados chineses e não os japoneses que estavam roubando, saqueando e assaltando. Mas você não usou essas evidências.

IRIS CHANG:
Escrevi algo como "Os soldados japoneses deliberadamente fizeram as coisas de modo a dar a impressão de que haviam

sido os chineses os responsáveis". Mas na realidade os chineses também fizeram várias coisas desse tipo.

KOBAYASHI:
Como escritora, você admite isso?

IRIS CHANG:
Eles fizeram muitas coisas para pintar os japoneses como atrozes.

KOBAYASHI:
Bem, como o título do seu livro é *O Estupro de Nanquim*, ouso dizer o seguinte: casos de estupro certamente ocorreram, mas há muitas passagens nos documentos-fontes que apontam os agentes especiais do Partido Nacionalista Chinês como praticantes de tais estupros.

IRIS CHANG:
Se ao menos os números fossem menores, poderiam ser verossímeis, mas os números eram grandes demais. Então escrevi que, das 200 mil ou 250 mil pessoas que fugiram para a zona de segurança, 80 mil eram mulheres que haviam sido estupradas. Mas isso significaria praticamente todas as mulheres, das idosas às crianças. De fato, acho que acreditei demais nas versões que me passaram.

KOBAYASHI:
Você admite isso?

A verdade sobre o Massacre de Nanquim

IRIS CHANG:
A-hã.

KOBAYASHI:
O Japão honrou um acordo de cavalheiros segundo o qual o exército japonês não entraria na zona de segurança, você sabia disso?

IRIS CHANG:
A-hã. Foi um tanto quanto absurdo...

KOBAYASHI:
"Um absurdo"? Então você acha que aquela história era um absurdo?

IRIS CHANG:
A-hã.

KOBAYASHI:
Vamos falar bem francamente. Era falso! Você inventou!

IRIS CHANG:
Bem, havia muitos boatos, muitos rumores, é claro.

KOBAYASHI:
É claro, havia muitos rumores infundados.

IRIS CHANG:
Eu fui levada a acreditar num deles.

KOBAYASHI:
Você admite que foi "levada a acreditar"?

IRIS CHANG:
Não posso negar que esse tipo de coisa aconteceu. De fato, aconteceu. Acho que havia muitos rumores infundados...

KOBAYASHI:
Então você foi levada a acreditar em rumores infundados?

"Quanto mais investigava, menos eu sabia o que era verdade"

IRIS CHANG:
Nos bastidores... Enfim, havia um medo entre os chineses de que "aquilo pudesse acontecer". Porém, eu não sei se, de fato, os japoneses fizeram isso de verdade, ou se o lado chinês propositadamente tentou fazer com que parecesse que os japoneses haviam sido os responsáveis. Ambas as possibilidades existem, então já não sei mais o que é verdade. Quanto mais investigava, menos eu sabia o que era verdade.

KOBAYASHI:
Menos sabia? OK. Estou percebendo.

IRIS CHANG:
A-há... Eu não sabia mais o que era verdade e o que não era.

KOBAYASHI:
Entendo.

AYAORI:
Então você enfrentou um fogo cerrado de críticas, sua atenção foi chamada para uma série de pontos e, como resultado, você iniciou uma nova investigação?

IRIS CHANG:
Certo. Investiguei uma ampla gama de coisas. Examinei muitos assuntos relacionados à Segunda Guerra Mundial. Estudei muito as batalhas travadas pelo exército japonês. Descobri que, por mais que investigasse, os materiais eram inconclusivos.

AYAORI:
Sim, de fato.

IRIS CHANG:
Sim. A coisa foi ficando cada vez mais torturante. Eu não podia desdizer meu livro, não depois de ele ter virado um best-seller.

AYAORI:
Você começou a ficar com vontade de desdizer seu livro?

IRIS CHANG:
Oh, não. Não era mais possível, as coisas já tinham ido longe demais. Eu já havia construído uma reputação.

O Massacre de Nanquim foi uma farsa

KOBAYASHI:
Então é como se você tivesse dito: "o que está feito está feito". Você admite que foi levada a acreditar em certas coisas.

IRIS CHANG:
Sim, mas felizmente o governo japonês admitiu o incidente.

KOBAYASHI:
Sim, ele fez isso. Mas vamos deixar essa questão para outra hora.

A verdade é que o exército japonês restaurou a ordem pública em Nanquim em seis semanas

KOBAYASHI:
Fotos tiradas dois dias depois que o exército japonês marchou sobre Nanquim mostram soldados japoneses seguran-

Figura 9.
Foto da vida urbana de Nanquim, em 17 de dezembro de 1937. Tirada quatro dias após a ocupação de Nanquim pelo exército japonês, a foto mostra pessoas cortando o cabelo, além de uma criança sorrindo; é possível ver o povo da China a caminho de restaurar sua vida cotidiana [foto impressa na revista *Asahi Graph*, publicada em 12 de janeiro de 1938, no *Asahi Shimbun*].

do carinhosamente bebês chineses, fazendo fogueiras para aquecê-los e assim por diante. Há muitas fotos desse tipo, e tenho certeza que você deve ter visto. E então deve ter achado que havia algo estranho com a história que a China estava lhe contando.

IRIS CHANG:
A-hã. Eu escrevi que o exército japonês havia matado 350 mil pessoas em seis semanas. Mas comecei a pensar que poderia também ser verdade que os japoneses tinham restaurado completamente a ordem pública em Nanquim em seis semanas.

AYAORI:
Você chegou a entender isso naquela época.

KOBAYASHI:
Você reconheceu isso.

IRIS CHANG:
Considerei que eles haviam restaurado a ordem logo após a entrada na cidade, e que por isso tais incidentes na verdade deviam ter sido bastante raros.

KOBAYASHI:
Sim. Os registros mostram que por volta de 20 de dezembro a ordem já havia sido completamente restaurada em Nanquim. Você deve ter ficado surpresa quando investigou esse aspecto.

O Massacre de Nanquim foi uma farsa

IRIS CHANG:
Então, a começar pelo problema das fotos falsas... Bem, não acredito que não tenha havido nenhuma luta, mas me parece que os chineses não lutavam como uma tropa militar. Eles estavam disfarçados como civis, ou seja, eram como guerrilheiros.

KOBAYASHI:
Sim, com soldados à paisana.

IRIS CHANG:
Certo. Acho que a tropa japonesa exterminou os atiradores chineses. E isso pode ter dado a impressão de que os japoneses estavam massacrando civis, mas na realidade os soldados chineses estavam atacando disfarçados de civis. Tenho certeza de que o número de pessoas mortas não foi tão alto, mas penso que os japoneses conseguiram exterminar os guerrilheiros.

KOBAYASHI:
Certamente, não foram tantos. As investigações feitas por nós indicam que cerca de 200 soldados à paisana foram mortos.

IRIS CHANG:
Talvez tenha sido algo por aí. Isso provavelmente está correto, mas os chineses sabiam que se vestissem uniformes militares seriam mortos, então trajavam-se como civis para atacar os japoneses. Os americanos experimentaram a mesma coisa durante a Guerra do Vietnã. Eles não con-

seguiam distinguir um camponês de um soldado, então borrifaram napalm, um desfolhante, pelas áreas agrícolas, matando muitas pessoas. Lançaram bombas incendiárias. Queimaram as populações com bombas de napalm. Os americanos vivenciaram o mesmo tipo de coisa. Ou seja, não conseguiam distinguir um civil de um soldado.

AYAORI:
A mesma situação ocorreu durante a Guerra do Iraque.

KOBAYASHI:
Isso mesmo. A propósito, para orientação de nossos leitores, envolver-se em combate sem estar de uniforme era proibido por lei internacional em tempos de guerra. Na época, ficou decidido entre todas as nações, em tratados internacionais, que qualquer um que quebrasse essa regra podia ser alvejado.

IRIS CHANG:
Bem, a China é a terra de *A margem da água*[*]. Um lugar onde nunca houve uma clara distinção entre soldados e civis. O que importava era vencer sempre, do jeito que fosse.

---

[*] Uma antiga novela chinesa da dinastia Ming. Conta a história de antigos burocratas e diferentes classes de pessoas que formam uma organização para lutar contra as forças governamentais.

O Massacre de Nanquim foi uma farsa

"Dói na minha consciência continuar a escrever"

KOBAYASHI:
Portanto, para resumir, quando você mais tarde decidiu investigar, descobriu que havia muitos problemas com seu livro. As fotos haviam sido falseadas ou eram de outros arquivos. Então, você percebeu que tinha sido levada a confiar num material que não era fidedigno.

IRIS CHANG:
Eu só percebi mesmo que havia sido enganada quando vi que havia confiado demais em material fornecido por grupos chineses anti-Japão e que escrevera a partir do ponto de vista deles. Só que havia vendido 500 mil exemplares do meu livro e não podia me desmentir. Depois disso, começou a me doer na consciência continuar sendo escritora ou jornalista.

OIKAWA:
E as pessoas que a haviam manipulado para que escrevesse o livro dessa forma, elas perceberam que você começava a nutrir suspeitas sobre o conteúdo do livro?

IRIS CHANG:
A-há. Acho que elas estavam tentando me usar como garota-propaganda. Mas conforme as críticas que vinham do Japão ficaram mais agressivas, eu mesma não consegui mais suportar.

5
Fui usada pelos Estados Unidos para atacar o Japão

Quem estaria em apuros se Iris Chang ficasse ciente da verdade?

OIKAWA:
Mas se você tivesse tornado públicas as suas suspeitas de que aquilo que havia escrito poderia estar errado, isso causaria problemas para aqueles que haviam levado você a escrever as coisas daquele jeito.

IRIS CHANG:
Sim, acho que sim. É bem provável.

OIKAWA:
Quem ficaria mais em apuros?

IRIS CHANG:
Hmmm....

OIKAWA:
Na hora em que você começou a perceber que muita da informação original que recebera estava errada, e que muito do que havia escrito estava equivocado, quem ficou mais incomodado com isso? Os Estados Unidos ou a China?

A verdade sobre o Massacre de Nanquim

IRIS CHANG:
A primeira resenha do livro apareceu num jornal americano. E descobriu-se que o resenhista era um americano casado com uma chinesa. Estava começando a se revelar o quanto a operação toda era incrivelmente organizada. Então, eu não sabia a história toda, em que tipo de briga tinha me enfiado, mas decidi tentar descobrir.

OIKAWA:
Você não sabia? Seu livro ficou na lista de best-sellers do *The New York Times* por muito tempo.

IRIS CHANG:
Ah, sim. *The New York Times*, é isso. Acho que o *Times* foi muito cooperativo nos primeiros dias. Mas quando começaram a descobrir que era a China que estava puxando as cordinhas, minha posição começou a ficar um pouco delicada.

AYAORI:
A principal fonte deles vem das atividades de lobby da China. Mas como você mencionou, os Estados Unidos haviam mudado sua perspectiva histórica. Então, tanto a China quanto os Estados Unidos estavam envolvidos?

IRIS CHANG:
Sim. Acho que havia coisas das quais eles queriam tirar partido. A China queria aumentar seu comércio com os Estados Unidos e expandir suas forças armadas. Enfim, houve a tentativa de "excluir o Japão" durante a administração Clinton.

Fui usada pelos Estados Unidos para atacar o Japão

AYAORI:
Sim, é isso.

IRIS CHANG:
Não se tratava de "atacar o Japão". E sim de "excluir o Japão". Teve início nos Estados Unidos um movimento para fazer parceria com a China, excluindo o Japão. Isso teria trazido enormes vantagens para a China.
 Em outras palavras, acho que a ideia era formar uma aliança e conseguir maior aproximação com a China. A premissa era: "Juntos lutamos contra o Japão, pois a Justiça está do nosso lado". Mas houve um revés nesse plano sob a administração republicana que veio em seguida.

AYAORI:
Sim.

IRIS CHANG:
Sobre a questão de minhas conclusões como jornalista, se estavam baseadas em fatos, sei que isso será julgado pelo tribunal da história. Se elas tiverem se baseado em fatos, vai ser ótimo para mim. Se não, vou ficar numa situação difícil.

KOBAYASHI:
Bastante difícil, sim.

A verdade sobre o Massacre de Nanquim

"A Marcha da Morte de Bataan não poderia ter sido evitada"

KOBAYASHI:
Suponho que você deva ter sentido isso de maneira especialmente intensa quando começou a reunir informações para o seu quarto livro, que era sobre a Marcha da Morte de Bataan, um episódio ocorrido com soldados americanos nas Filipinas. Por exemplo, é provável que tenha percebido melhor como é difícil encontrar evidências e reunir material como fotos, que possam ser usadas como provas. As coisas não correram como em *O Estupro de Nanquim*, então talvez você tenha sentido que chegou a um impasse no meio do seu trabalho.

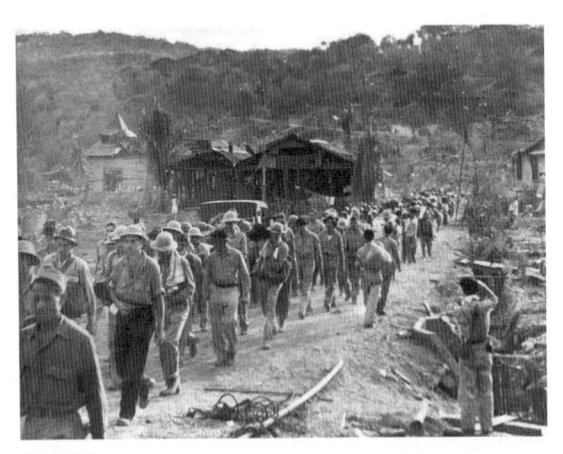

Figura 10.
A Marcha da Morte de Bataan foi uma transferência forçada, feita pelo exército japonês, de 60 mil a 80 mil prisioneiros de guerra filipinos e americanos após a Batalha de Bataan, nas Filipinas, durante a Segunda Guerra Mundial. Mas o que aconteceu, na realidade, foi que o número de prisioneiros ultrapassou em muito o que o exército japonês esperava. E como não havia suficientes caminhões para o transporte de todos os prisioneiros, eles não tiveram outra escolha a não ser fazer o percurso a pé.

IRIS CHANG:
Conforme ouvia a história, pensava que os japoneses haviam tratado os prisioneiros de uma forma horrenda e cometido algo como o Holocausto. Mas ao pesquisar, tive a percepção de que era inevitável. Os japoneses também estavam na mesma posição. Eles tampouco tinham o que comer e estavam tentando se salvar, e temendo pela própria vida.

KOBAYASHI:
Exatamente. Os soldados americanos capturados podiam andar com facilidade, pois tinham apenas um cantil para carregar, enquanto os soldados japoneses carregavam uma mochila com armas pesando 40 quilos. Eles andavam em fila com os prisioneiros, pela mesma estrada, esfalfados de exaustão.

IRIS CHANG:
Sim, é isso. Percebi que as pessoas que diziam ter sofrido abusos por parte do exército japonês chegavam a considerar também como "abuso" o simples fato de serem alimentados com comida japonesa. Os japoneses comiam bardana, mas os soldados ingleses achavam que comer essa raiz era algo terrivelmente cruel. Eu percebi que havia mal-entendidos desse tipo.

Do mesmo modo, houve muitas histórias de gente morrendo por causa do sol e do calor escaldante, mas isso por que não havia veículos para transportar os prisioneiros.

A verdade sobre o Massacre de Nanquim

"Quanto mais investigava, mais me convencia de que as coisas haviam sido falseadas"

KOBAYASHI:
Eu deduzo, pelo que você está dizendo, que quando investigou você passou a suspeitar que as fotos que lhe haviam sido passadas eram convenientes demais para a tese do livro, ou pareciam chegar às suas mãos de maneira fácil demais.

IRIS CHANG:
Havia também o problema de interpretar documentos. Eu fazia minhas investigações, mas... Voltando à nossa discussão anterior sobre Nanquim, havia relatos em jornais japoneses da época sobre "competições para matar 100 pessoas com uma só espada" e assim por diante. Eu considerei esse material como prova documental e me apoiei nele, mas, como direi... Acabei descobrindo que essas histórias tampouco eram verdadeiras. Elas eram publicadas para incentivar o espírito de luta das pessoas.

Descobri que era impossível matar cem pessoas com uma espada japonesa, como Shichihei Yamamoto[*] sugerira. Antes, não sabia disso. Em lutas de espada que a gente vê no cinema, dá a impressão de que você é capaz de matar qualquer número de pessoas com uma única espada, então achei que havia acontecido algo nesse estilo.

---

[*] Shichihei Yamamoto (1921-1991): Gerente de publicações e crítico, viveu o período pós-guerra. Propôs uma teoria original sobre a civilização japonesa em obras como *Os Japoneses e os Judeus*.

Fui usada pelos Estados Unidos para atacar o Japão

A força japonesa que entrou em Nanquim tinha provavelmente 50 mil homens. No meu livro, escrevi que 50 mil soldados japoneses haviam matado 350 mil pessoas com suas espadas. Depois, eu disse que haviam metralhado, mas os japoneses estavam com falta de munição. Não podiam se dar ao luxo de desperdiçar balas.

KOBAYASHI:
Certo, eles não atiraram. Mas, vejamos, com base naquilo que você escreveu, por exemplo, quando você disse que "eles foram metralhados", você deve ter tirado isso de algum lugar, pois não imagino que tenha inventado a história toda. Portanto, isso sugere que você pode ter sido assessorada com documentos falsos.

IRIS CHANG:
A-há...

KOBAYASHI:
Ou, nem documentos falsos você tinha? Nesse caso, você simplesmente escreveu o que eles lhe disseram para escrever?

IRIS CHANG:
A-há. Disparar com metralhadoras era a prática militar americana, quando eles, por exemplo, matavam japoneses no fronte sul.

KOBAYASHI:
Isso mesmo.

IRIS CHANG:
O fogo cruzado era uma técnica usada pelos americanos. Eu escrevi que o exército japonês havia feito isso, mas na realidade o exército japonês não tinha esse tipo de poder de fogo.

KOBAYASHI:
Não, como você mesma disse, não tinha.

IRIS CHANG:
Em geral, todos os soldados eram armados com coisas como baionetas. E fica difícil acreditar como eles poderiam ter matado tanta gente desse modo.

6
A verdade sobre a versão de 300 mil pessoas

"Fui usada porque era o tipo de pessoa que poderia se tornar popular entre os americanos"

KOBAYASHI:
Quanto à composição da história, tendo por base o que você disse, dá a impressão de que havia um editor do livro. É isso? Havia alguma pessoa encarregada de editar o livro? Eu também já fiz trabalhos de edição, e agora, ouvindo o que acaba de contar, dá a impressão de que você teve um editor, que supervisionava vários aspectos do enredo da história, como a incorporação do uso de metralhadoras – algo que é do estilo americano. Foi isso o que aconteceu?

IRIS CHANG:
A-há...

KOBAYASHI:
Então você narrou os fatos com alguém que fazia o papel de copiloto?

IRIS CHANG:
A-há, eu era jovem e ambiciosa, e fui movida por um senso de justiça, então fiquei chocada com o fato de um inciden-

te dessas proporções ter sido acobertado por tanto tempo. Pensei, "Isso foi ocultado por causa da Guerra Fria", então senti uma necessidade muito forte de fazer justiça. Precisava fazer o mundo saber desse incidente, mas pouco a pouco comecei a ser atacada de várias maneiras e algumas partes da minha história começaram a não se sustentar mais.

KOBAYASHI:
Quem foi que lhe passou essas interpretações sobre o sentido histórico desse acontecimento? Como foi que você adotou esse ponto de vista?

IRIS CHANG:
Senti como se tivesse sido escolhida para ser usada.

KOBAYASHI:
Entendo.

AYAORI:
Você foi escolhida por um grupo lobista chinês?

IRIS CHANG:
A-há, fui. Eu era o tipo de pessoa que teria condições de se tornar popular entre os americanos.

KOBAYASHI:
Parece fazer sentido, olhando para as suas fotos.

IRIS CHANG:
Eu era alta, tinha cabelo comprido, era atraente...

KOBAYASHI:
Sim, você de certo modo parecia uma atriz...

IRIS CHANG:
Eu era o tipo de pessoa que poderia se tornar muito popular entre os americanos, e fui escolhida também porque tinha habilidade para escrever.

"As pessoas reuniam os dados para mim, e eu simplesmente fazia a compilação e escrevia o livro"

AYAORI:
Você escreveu o livro inteiro sozinha ou...?

IRIS CHANG:
Eu almejava ser jornalista profissional. Creio que a responsabilidade pela matéria era minha...

OIKAWA:
Não havia um *ghost-writer*?

IRIS CHANG:
Bem, foram reunidos vários materiais.

KOBAYASHI:
Então isso significa que, em termos editoriais, havia vários assistentes de pesquisa...

IRIS CHANG:
Escrevi o livro na condição de uma espécie de representante...

A verdade sobre o Massacre de Nanquim

AYAORI:
Você escreveu como uma espécie de representante?

KOBAYASHI:
Então, na verdade, havia algumas pessoas que escreveram partes do livro para você?

IRIS CHANG:
Sim, é isso o que eu quis dizer quando falei que escrevi o livro como se fosse uma espécie de representante.

AYAORI:
Então várias pessoas escreveram o livro juntas? Havia várias pessoas envolvidas na redação do livro?

Figura 11.
Esta foto foi impressa originalmente na edição de 10 de novembro de 1937 da revista japonesa *Asahi Graph*. Mostra mulheres e crianças, escoltadas por soldados japoneses, voltando alegremente para casa após o trabalho no campo. No entanto, em *O Estupro de Nanquim*, o grande sorriso da criança e do soldado nessa foto foi modificado e ficou indistinto. Além disso, acrescentou-se a legenda: "Os japoneses capturaram milhares de mulheres. A maioria delas foi estuprada por grupos de homens ou obrigada à prostituição pelos militares". Trata-se de outro exemplo de dados do livro que foram distorcidos.

A verdade sobre a versão de 300 mil pessoas

IRIS CHANG:
Isso é um pouco constrangedor de admitir... Mas é verdade que muitos trechos foram reunidos, como dados...

KOBAYASHI:
Então foi uma questão de juntar várias partes?

IRIS CHANG:
Sim, a verdade é que eu simplesmente juntei todas essas partes...

KOBAYASHI:
Entendo.

AYAORI:
Então você juntou tudo e montou o livro? Foi esse o seu papel?

KOBAYASHI:
Você está dizendo que o manuscrito básico do livro, em outras palavras... as várias partes do manuscrito básico foram preparadas por esses "assistentes de pesquisa"...

IRIS CHANG:
Muitas partes dele já estavam redigidas, para que eu pudesse montar os vários capítulos com maior facilidade...

AYAORI:
Depois que você terminou de escrever o livro, alguém mais fez ajustes?

A verdade sobre o Massacre de Nanquim

IRIS CHANG:
Ah...

AYAORI:
O manuscrito foi publicado exatamente como você escreveu ou algumas partes foram mudadas?

IRIS CHANG:
Ah... Por favor, deixem-me ir agora...

KOBAYASHI:
Não, por favor, precisamos continuar.

O número "300 mil pessoas" foi baseado no número de pessoas que morreram nos Grandes Ataques Aéreos de Tóquio e no lançamento das bombas atômicas

KOBAYASHI:
Seu livro apresentava vários pontos controversos, e parece que os mais significativos eram: o número de pessoas mortas foi estipulado em "acima de 300 mil" e o número de pessoas estupradas foi colocado como "entre 20 mil e 80 mil". Essas duas cifras parecem ser os dois pilares centrais da história.

IRIS CHANG:
Ai... [*Suspiros.*]

KOBAYASHI:
O manuscrito final que você originalmente compilou trazia

A verdade sobre a versão de 300 mil pessoas

esses números? Foram esses os números que você fez constar originalmente?

IRIS CHANG:
Bem... Na verdade, algumas pessoas insistiram muito para que eu aumentasse o número para 300 mil...

AYAORI:
Pediram para você aumentar o número?

KOBAYASHI:
Foi isso o que o editor pediu para você fazer?

IRIS CHANG:
Ao que parece, o ponto de partida foram os seguintes números: 100 mil para as vítimas dos Grandes Ataques Aéreos de Tóquio, 140 mil para Hiroshima e 70 mil para Nagasaki. Ou seja, haviam morrido cerca de 300 mil japoneses, por isso é que se insistiu no número "300 mil".

Figura 12.
A cidade queimada após os Grandes Ataques Aéreos de Tóquio de março de 1945 (esquerda). A cidade de Hiroshima arrasada após o lançamento da bomba atômica em agosto de 1945 (direita).

KOBAYASHI:
Quem foi, especificamente, que disse isso a você?

IRIS CHANG:
Bem...

KOBAYASHI:
Quem foi que fez esse pedido?

IRIS CHANG:
Havia diversas pessoas envolvidas na publicação do livro...

KOBAYASHI:
Bem...

OIKAWA:
Eram pessoas da editora americana, por exemplo, os editores que trabalhavam nela?

IRIS CHANG:
Bem, eles ali pediam que eu colocasse um número, porque...

OIKAWA:
Então foi a editora americana que pediu isso?

IRIS CHANG:
Se, por exemplo, eu tivesse dito que eram 20 mil ou 10 mil, o livro provavelmente não teria vendido muito bem. Então me disseram para colocar o número nesse nível, a fim de tornar o livro mais sensacionalista...

A verdade sobre a versão de 300 mil pessoas

KOBAYASHI:
Então, de um jeito ou de outro, eles disseram para você colocar esse número, por volta de 300 mil...

IRIS CHANG:
Eles queriam que fosse pelo menos 300 mil. Creio que teriam achado melhor ainda se o número fosse mais alto.

AYAORI:
Era a editora que queria isso, ou era a GA?

IRIS CHANG:
Não sei dizer. Eu sou a escritora, então a responsabilidade é minha, e não da editora. Acredito que seja assim. Mas a ideia de que isso foi feito num período de seis semanas é terrível. Convertendo isso em um ano, um ano tem 52 semanas, então multiplicado por 10, o número vira algo por volta de 3 milhões. Isso significa que o povo japonês cometeu uma violência na qual o número de japoneses que morreram em toda a Segunda Guerra Mundial teria sido morto em um único ano.

KOBAYASHI:
Então você está dizendo que o número foi calculado fazendo a conta do fim para o começo?

IRIS CHANG:
Bom, isso indicaria que os japoneses eram mais cruéis que os americanos. Acho que a intenção era dizer que os Estados Unidos não tinham outra escolha a não ser participar da

guerra, pois o Japão estava matando gente numa proporção absurda. Se o número tivesse sido apenas "200", não faria sentido publicar o livro.

7

"Fui drogada e levada a cometer suicídio"

"Talvez até o próprio hospital estivesse envolvido"

AYAORI:
Quando você ficou sabendo das reais circunstâncias do incidente de Nanquim, comentou com alguém a esse respeito? Contou a alguém que a realidade parecia não estar muito de acordo com o conteúdo do livro?

IRIS CHANG:
Bem... [*Suspiros.*] Eu havia virado uma estrela, então era muito difícil...
 Eu tinha recebido várias propostas de trabalho e estava me relacionando com uma porção de gente. E no meio disso tudo, eu às vezes revelava minhas dúvidas a respeito do conteúdo.

AYAORI:
E quando fez isso, com quem o seu relacionamento ficou mais difícil?

IRIS CHANG:
Hmm...

KOBAYASHI:
Este é um tribunal diante de Deus. Ou você fala aqui agora ou, embora eu não saiba se você está familiarizada com o deus Yama e a sua ira*, você terá de confessar diante dele em alguma hora. De um jeito ou do outro, terá de passar por um desses processos em algum lugar.

IRIS CHANG:
[*Fungando e começando a chorar.*]

KOBAYASHI:
Por favor, seja honesta conosco aqui.

IRIS CHANG:
Bem... Tenho a sensação de que talvez até o hospital estivesse envolvido...

AYAORI:
Você foi hospitalizada várias vezes.

IRIS CHANG:
A-hã. Acho que o meu médico talvez tenha me dado medicamentos demais...

AYAORI:
Entendo...

---

* O Rei do Inferno, que dizem ser aquele que faz o julgamento dos pecados dos mortos.

"Fui drogada e levada a cometer suicídio"

IRIS CHANG:
O médico disse que eu tinha um tipo de distúrbio psicológico, então precisava tomar alguns remédios. Acho que me deram medicamentos demais. Depois disso, acho que fui executada e fizeram parecer que eu havia cometido suicídio...

KOBAYASHI:
Ah, entendo.

"Às vezes, tinha a impressão de estar sendo seguida"

OIKAWA:
Dizem que você estava passando por uma forte depressão. É verdade?

IRIS CHANG:
A-há. Acho que os sintomas eram de alguma coisa desse tipo, mas não tenho certeza se isso aconteceu espontaneamente. Talvez o hospital estivesse envolvido...

KOBAYASHI:
Entendo.

IRIS CHANG:
Se o hospital estava envolvido, isso significa que a CIA poderia estar envolvida também.

KOBAYASHI:
Você foi internada num hospital da costa oeste?

IRIS CHANG:
...

KOBAYASHI:
Ou talvez fosse "aquele" hospital na costa leste?

IRIS CHANG:
Bem... parece que eles se comunicavam. O hospital também foi escolhido por indicação. Eu tive a sensação de que eles estavam fazendo várias coisas...

AYAORI:
Quem encaminhou você ao hospital?

IRIS CHANG:
Eu não sei... Eu não consigo...

AYAORI:
Você não sabe?

IRIS CHANG:
Bom, na verdade eu não estava conseguindo dormir.

AYAORI:
Não conseguia dormir?

IRIS CHANG:
Mas...

"Fui drogada e levada a cometer suicídio"

AYAORI:
Você foi encaminhada a um hospital...

IRIS CHANG:
Às vezes, tinha a impressão de estar sendo seguida. Eu mudei várias vezes de endereço e também ficava hospedada em hotéis. Comecei a sentir que precisava fazer esse tipo de coisa para ficar mais segura. Quando comentei que tinha a impressão de estar sendo seguida, meu médico disse que eram sintomas de alucinação. Disseram várias coisas, por exemplo, que eu devia tomar medicação para estabilizar meu humor. Não tenho muita certeza sobre o que aconteceu.

KOBAYASHI:
Em outras palavras, você está dizendo que o hospital ou o seu médico também eram parte do que você considerou como uma conspiração?

IRIS CHANG:
Pessoas amigas e dispostas a me ajudar faziam vários arranjos para mim...

AYAORI:
Pessoas dispostas a ajudar...

IRIS CHANG:
Eu confiava nelas.

"Se eu ainda estivesse viva e desse uma coletiva de imprensa, isso iria trazer-lhes problemas"

AYAORI:
Você chegou a usar a expressão "fui assassinada". Na verdade, no final, você foi levada a tomar medicamentos e a cometer suicídio?

IRIS CHANG:
O estado era de depressão, mas, na verdade, acho que não era isso. Talvez...

KOBAYASHI:
O que você quer dizer exatamente?

IRIS CHANG:
Sinto que talvez eles tenham me induzido a ficar doente, fazendo parecer depois que foi suicídio. Acho que a razão provável é que, se eu ainda estivesse viva e desse uma coletiva de imprensa negando a autenticidade do livro, isso iria trazer-lhes problemas.

AYAORI:
Entendo.

IRIS CHANG:
Acho que eu fui assassinada e, antes disso, eles fizeram de tudo para dar a entender que eu tinha problemas psicológicos e que não se deveria acreditar nas coisas que eu dissesse – ou seja, que o livro que eu tinha escrito quando estava

ainda normal era verdadeiro, mas que agora não se poderia dar crédito a nada do que eu dissesse. Não sei se isso foi feito pelo governo dos Estados Unidos ou por uma rede chinesa estabelecida nos Estados Unidos...

Os antecedentes do livro

"Naqueles dias, o inimigo potencial dos Estados Unidos era o Japão"

KOBAYASHI:
Vamos deixar um pouco de lado quem era o principal mandante da história: se os médicos estivessem envolvidos de uma maneira tão comprometida, considerando vários casos que aconteceram no passado, a impressão que se tem – falando objetivamente – é que o governo dos Estados Unidos estava envolvido, pois ele mudou sua política no meio do caminho, e teria sido muito ruim se alguma informação anterior a essa mudança de rumo tivesse sido divulgada.

IRIS CHANG:
A-hã... Para os Estados Unidos, o inimigo potencial após o colapso da União Soviética era o Japão.

KOBAYASHI:
Sim.

IRIS CHANG:
E como resultado dos ataques terroristas, esse inimigo potencial passou a ser o Islá, mudou para o Iraque e todo o mundo islâmico. Acho que os Estados Unidos começaram

a suspeitar que a China de algum modo estava apoiando o mundo islâmico, suprindo os extremistas com armas e mísseis por meio da Coreia do Norte.

KOBAYASHI:
Entendo. É isso.

IRIS CHANG:
Eu pesquisei e escrevi sobre o desenvolvimento de mísseis pela China, então sei bastante a respeito disso. A China estava fornecendo tecnologia à Coreia do Norte, e essa tecnologia sem dúvida era exportada dali para o mundo islâmico.

KOBAYASHI:
Sim, eles estavam fazendo isso.

IRIS CHANG:
Acho que os mísseis eram uma fonte de renda para o comércio da Coreia do Norte, e que essas armas de destruição em massa estavam armazenadas em locais como o Iraque. Desde que eclodiu a Guerra do Iraque, a situação começou a se inverter.

AYAORI:
Você estava assumindo uma posição anti-China, não só no que se refere a questões históricas, mas também quanto à segurança nacional e a aspectos militares?

IRIS CHANG:
Na verdade, não conseguia entender.

AYAORI:
Não conseguia mais entender.

"O Japão está sendo culpado pelos danos decorrentes da Guerra Civil Chinesa"

IRIS CHANG:
Acho que a China ainda acusa o Japão de ter promovido o incidente de Nanquim.

AYAORI:
Ainda acusa, sim.

IRIS CHANG:
A China ainda diz que a guerra anti-Japão é o símbolo da unificação chinesa. Mas parece que ela está pondo em grande medida o Japão como culpado pela sua guerra civil. Não sou historiadora, então não tenho realmente certeza, mas, como pesquisadora da história, acho que está sendo feito um esforço para colocar no Japão toda a responsabilidade pelos danos que ocorreram quando o exército do Partido Comunista e o de Chang Kai-chek entraram em choque, com grande número de baixas.

AYAORI:
É verdade.

KOBAYASHI:
Você chegou à conclusão correta. Sem dúvida...

A verdade sobre o Massacre de Nanquim

IRIS CHANG:
Eu senti que o que eu escrevera no livro podia estar errado. Além disso, depois de ver o incrível número de pessoas que morreram em países comunistas mais tarde, como 20 milhões e 40 milhões, em eventos como os expurgos em grande escala promovidos por Mao Tsé-tung e o Grande Expurgo da União Soviética, ficou difícil acreditar que o Japão era de fato um país tão horrível como se queria fazer crer.

KOBAYASHI:
Entendo. As fotos de atrocidades que você mencionou antes são na realidade da Guerra Civil Chinesa ou de eventos desse tipo. Por exemplo, revelou-se com ampla documentação que os chefes eram criminosos políticos do Partido Comunista e membros de bandos dedicados a saques. Ao ver coisas como essas, você acabou sentindo que algo estava errado...

IRIS CHANG:
Sim. Na história da China, há inúmeros exemplos de eventos nos quais 100 mil ou 200 mil pessoas foram mortas. Não acho, sinceramente, que tais coisas possam ser ditas também do povo japonês...

KOBAYASHI:
Entendo.

Os antecedentes do livro

"O estupro era, na realidade, um grave problema nos Estados Unidos"

IRIS CHANG:
Isso pode surpreender um pouco, mas a questão do estupro na realidade tem a ver com os Estados Unidos. Naquela época, o estupro era, na realidade, um grave problema no país, então pegamos carona nisso. No Japão, casos de estupro são pouco frequentes.

AYAORI:
Mesmo que acontecessem, as punições eram claras.

KOBAYASHI:
Em geral, o título de um livro é decidido pelos editores e, segundo o que você acabou de dizer, parece que havia instruções dos editores para destacar a questão do estupro.

IRIS CHANG:
Nos Estados Unidos, o estupro estava sendo encarado como uma questão relativa aos direitos humanos...

KOBAYASHI:
Portanto, a ideia era que, se o livro tivesse o estupro como tema, ele iria vender bem.

IRIS CHANG:
Isso virou uma questão particularmente importante no governo do Partido Democrata. Hillary Clinton tem sido especialmente enfática no tratamento da questão do estupro.

Durante a guerra, como parte da propaganda promovida pelas forças armadas americanas, foi feito um grande esforço para que o povo japonês aparecesse como um povo animalesco e, como o estupro era algo intolerável, o livro foi associado a isso...

Acho que talvez a senhora Clinton ainda acredite que havia centenas de milhares de escravas sexuais. Houve escravos nos Estados Unidos e isso é muito malvisto, então talvez essas duas questões estejam se sobrepondo na mente dela.

"O exército japonês fez esforços para prevenir o estupro"

AYAORI:
Você também pesquisou a questão das mulheres de conforto?

IRIS CHANG:
A-hã... Também faltam provas a esse respeito. É uma acusação estranha.

AYAORI:
Entendo.

IRIS CHANG:
É estranho. O exército dos Estados Unidos é que tem sido responsável por muitos atos desse tipo.

KOBAYASHI:
Sim, isso é verdade.

IRIS CHANG:
Parece que houve muito mais mulheres japonesas estupradas por militares americanos.

KOBAYASHI:
Imediatamente após a guerra, houve mais de 200 casos num único mês, e isso apenas na cidade de Yokohama.

IRIS CHANG:
Sim. Isso é terrível. Parece que os lugares ocupados pelo exército japonês foram um pouco mais ordenados nesse sentido, portanto, é de fato estranho.

KOBAYASHI:
É esse também o seu entendimento, certo?

AYAORI:
Na realidade, as forças armadas japonesas estabeleciam medidas para evitar tais incidentes.

IRIS CHANG:
Eu tenho notícia de que havia bordéis. Basicamente, no caso do exército japonês, foi feito um esforço para evitar agressões como o estupro às mulheres... Sinto até dificuldade em admitir isso, mas os militares distribuíam preservativos. Se isso de fato ocorreu, não acho que teria sido possível a ocorrência de estupros.

KOBAYASHI:
Sim, eu concordo.

A verdade sobre o Massacre de Nanquim

IRIS CHANG:
Não poderia ter havido estupros. Não acredito que fosse realmente possível essas coisas acontecerem fora dos bordéis. Assim, comecei a compreender que é difícil acreditar que os soldados japoneses em Nanquim tivessem atacado e estuprado dezenas de milhares de mulheres.

KOBAYASHI:
Você compreendeu isso?

IRIS CHANG:
Sim...

9
A realidade vista por Iris Chang após sua morte

"Fazer a coisa parecer como se tivesse sido suicídio por arma de fogo foi trabalho de um assassino profissional"

AYAORI:
Você sofreu de depressão, foi internada num hospital e em certa medida passou a ser controlada com medicamentos. No final, foi alvejada na cabeça por arma de fogo. Isso foi feito por outra pessoa ou você mesma cometeu suicídio? Como foi?

IRIS CHANG:
Bem... Fizeram parecer que foi suicídio... Os Estados Unidos são uma sociedade armada. É fácil uma pessoa...

KOBAYASHI:
Gostaria de lhe perguntar isso de uma maneira direta. Dizem que você cometeu suicídio disparando um tiro na cabeça, de manhã, dentro de um carro estacionado numa estrada federal, na periferia. O local onde você levou o tiro foi dentro de um carro?

A verdade sobre o Massacre de Nanquim

IRIS CHANG:
Não sei. Não lembro. Foi de repente... Eu morri muito de repente, então não sei...

KOBAYASHI:
Foi dentro da sua casa, dentro de um hospital ou em algum outro lugar?

IRIS CHANG:
Eu realmente não sei. Não tenho certeza. Acho que pode ter sido dentro da minha casa.

KOBAYASHI:
Entendo. Então foi dentro da sua casa.

AYAORI:
Se você tomou um tiro de repente, como declara, então, não foi você quem disparou a arma?

IRIS CHANG:
A-há... Mas acho que minhas impressões digitais estavam na arma. Isso foi trabalho de um assassino profissional.

KOBAYASHI:
Foi trabalho de um assassino profissional? E você diz que isso aconteceu na sua casa?

IRIS CHANG:
Talvez. Não sei quem foi... mas...

A realidade vista por Iris Chang após sua morte

AYAORI:
Entendo.

IRIS CHANG:
Sim, é um pouco frustrante. Não tenho como não pensar que, no final das contas, eu fui assassinada como queima de arquivo.

AYAORI:
Sim, entendo.

IRIS CHANG:
Seria mais honroso para mim se tivesse sido morta por um ninja japonês – se tivesse sido ostensivamente apunhalada nas costas por uma espada japonesa...

AYAORI:
Um japonês não faria tal coisa.

KOBAYASHI:
Sim, seria uma história heroica, mas não foi isso o que aconteceu...

IRIS CHANG:
A-há...

"O inferno no mundo espiritual de Nanquim formou-se devido aos expurgos internos chineses"

AYAORI:
Já faz dez anos que você morreu...

IRIS CHANG:
Tudo isso?

AYAORI:
Sim.

IRIS CHANG:
Puxa...

AYAORI:
Você tem estado sozinha esse tempo todo? Ou tem andado pelo mundo?

IRIS CHANG:
Acho que minha alma tem vagado por Nanquim e vários outros lugares...

AYAORI:
É mesmo? Você foi para Nanquim?

IRIS CHANG:
Fui, para tentar obter informações do mundo espiritual de Nanquim.

A realidade vista por Iris Chang após sua morte

AYAORI:
Você visitou o mundo espiritual de Nanquim?

KOBAYASHI:
Como era lá?

IRIS CHANG:
Na verdade, havia bem mais espíritos de pessoas chinesas que haviam sido mortas depois da Segunda Guerra Mundial, portanto era difícil encontrar espíritos que tivessem sido mortos no Massacre de Nanquim.

KOBAYASHI:
Difícil?

IRIS CHANG:
Sim, era realmente difícil...

AYAORI:
Havia mais pessoas mortas na Revolução Cultural e em expurgos desse tipo?

IRIS CHANG:
Havia muitos espíritos de chineses que tinham sido assassinados por vários motivos. Dezenas de milhões... De fato, o inferno existe.

KOBAYASHI:
Existe, não é mesmo?

A verdade sobre o Massacre de Nanquim

IRIS CHANG:
No meio de tantos, foi muito difícil verificar quem havia sido morto por soldados japoneses em Nanquim.

KOBAYASHI:
Dá a impressão de que você foi realizar entrevistas no mundo espiritual, mas não conseguiu encontrar as pessoas que procurava.

IRIS CHANG:
A-há... Foi muito difícil.

"Ouço muitas vozes me acusando"

AYAORI:
Então você tem recolhido bastantes informações nos últimos dez anos?

IRIS CHANG:
Sim, e também tenho andado por zonas de guerra que são um verdadeiro pesadelo. Ou, então, sinto como se estivesse sendo perseguida por alguém nos Estados Unidos, e que estou fugindo de um lugar para outro. Várias coisas assim.
No caso dos Estados Unidos, muitas vezes tenho pesadelos nos quais parece que estou envolvida em alguma coisa como uma guerra de máfias e sendo alvejada por armas de fogo. Quando vou para a China, lá tem uma coisa parecida com Inferno da Guerra e eu também colho informações ali, mas parece que as coisas naquele lugar não fazem muito sentido.

Além disso, depois de ver a destruição do World Trade Center, em Nova York, na qual morreram mais de 3 mil pessoas, perdi um pouco a noção das coisas, e já não tenho mais muita certeza sobre o que é justiça.

AYAORI:
Durante esse tempo todo, alguém a orientou de algum modo?

IRIS CHANG:
Não, mas ouço muitas vozes me acusando.

AYAORI:
Vozes acusando-a?

IRIS CHANG:
Sim, muitas vozes. Ouço muitas vozes me acusando, mas orientação, orientação, palavras de orientação...

"Fui elogiada por Deng Xiaoping no mundo espiritual"

KOBAYASHI:
Você falou com alguém?

IRIS CHANG:
Sim, encontrei com Deng Xiaoping.

AYAORI:
Deng Xiaoping... Isso deve ter sido no lugar chamado Inferno.

KOBAYASHI:
E o que Deng Xiaoping disse?

IRIS CHANG:
Acho que ele me cumprimentou, um cumprimento de mão.

KOBAYASHI:
Ele apertou sua mão?

IRIS CHANG:
A-há...

AYAORI:
Foi como se ele estivesse dizendo "bom trabalho", referindo-se ao seu livro?

IRIS CHANG:
Acho que fui elogiada por ter feito um bom trabalho lutando na frente unida contra o Japão.

KOBAYASHI:
Entendo. Para mim, Deng Xiaoping foi o principal responsável pelo incidente na Praça Tiananmen.

IRIS CHANG:
Na época, eu não sabia que havia sido manipulada para anunciar o incidente de Nanquim a fim de ofuscar o incidente na Praça Tiananmen. Não me dei conta. Certamente, a China deve estar envolvida nesse problema.

A realidade vista por Iris Chang após sua morte

KOBAYASHI:
Como Ayaori acabou de mencionar, segundo nossa investigação espiritual, Deng Xiaoping está num lugar bastante profundo do Inferno*.

IRIS CHANG:
Acho que ele virou uma espécie de herói na China.

KOBAYASHI:
Sim, neste mundo terreno, ele é um herói.

IRIS CHANG:
Tanto Deng Xiaoping como eu somos vistos como heróis.

---

* Ver *Adam Smith Reigen Ni Yoru "Shin Kokufuron"* ("Uma Nova Teoria da Riqueza das Nações pelo Espírito de Adam Smith), de Ryuho Okawa (Tóquio: IRH Press, 2010).

10

"Quero que meu livro pare de ser impresso"

"Ainda estou sendo usada pela China e pela Coreia do Sul"

AYAORI:
Hoje você fez um resumo do que foi sua carreira. Provavelmente descobriu muitas coisas ao longo desses dez anos, mas ainda vive uma situação muito dolorosa nesse momento, vagando pelo mundo terreno e tendo algumas experiências no mundo espiritual. No entanto, acho que a voz de condenação do povo contra você irá diminuir quando o conteúdo dessa sessão de hoje for publicado em livro.

IRIS CHANG:
Bem... Acho que sim. Nesse momento a China e a Coreia do Sul ainda estão elaborando políticas nacionais dentro das linhas que eu comentei, e acusando o Japão, certo? Estão usando o Massacre de Nanquim para restringir o direito de autodefesa do Japão, buscando assim alcançar uma posição de hegemonia, certo? Portanto, se eles continuarem a me usar para isso, não acho que seja tão fácil assim...

A verdade sobre o Massacre de Nanquim

AYAORI:
Ao menos, se você se manifestasse dizendo: "Este livro não deve ser usado", então seu nível de sofrimento talvez pudesse mudar.

IRIS CHANG:
Não vou descansar em paz enquanto esse livro não parar de ser impresso.

KOBAYASHI:
Entendo.

IRIS CHANG:
Eu fui usada. Não importa como se examinem os fatos, eu fui usada...

Se a situação permanecer assim e a China acabar usando isso... em outras palavras, se eles aproveitarem isso para invadir o Japão e outros países asiáticos, então o "meu pecado" irá se tornar algo realmente muito pesado, o que seria horrível para mim.

Eu poderia ser salva se as pessoas chegassem à conclusão de que o livro (*O Estupro de Nanquim*) é uma fraude. Mas o fato de ele ainda estar sendo usado depois de todo esse tempo... é simplesmente... E ainda há também muitos americanos que acreditam que isso seja verdade.

O livro virou uma fonte de informação, e com isso o Japão é acusado de ter cometido coisas horríveis. Não posso ser responsabilizada pela guerra de hegemonia promovida pela expansão militar da China, uma vez que ela está usando o incidente de Nanquim como propaganda política,

"Quero que meu livro pare de ser impresso"

transformando os 200 soldados à paisana mortos na batalha em massacre de 300 mil civis e em estupro de dezenas de milhares de mulheres. Não posso assumir essa responsabilidade. Eu nunca sequer imaginei que isso poderia ser usado desse modo. A minha intenção foi apenas conseguir expor o "mal" do Japão.

A China continua a exibir filmes e peças anti-Japão pela televisão, então acho que a lavagem cerebral ainda está a pleno vapor.

KOBAYASHI:
Sim, com certeza.

IRIS CHANG:
Mas não importa de que jeito você encare as coisas, não há dúvida de que a China é uma nação totalitária. Lá ninguém pode criticar o governo. E tanto Hong Kong quanto Taiwan também estão enfrentando uma crise. Sua liberdade e sua democracia estão agora em vias de ser extintas, e ambos começaram a ser colocados sob controle centralizado.

Mesmo no caso de Hong Kong, a China dizia que o sistema iria ser mantido por mais cinquenta anos, mas já começa a quebrar sua promessa. Acho que, bem na hora em que meu livro foi lançado, Hong Kong estava sendo devolvida, e ainda não haviam se passado nem cinquenta anos, certo? Quero dizer que se passaram apenas dez anos, certo? Mas Hong Kong está cada vez mais passando para uma posição em que é pressionada a seguir as ordens de Pequim, e aqueles que têm interesses financeiros ali já começam a ir embora.

Organizações como a CNN já estão em águas perigosas. Elas podem transmitir notícias de pouca importância envolvendo o governo chinês, mas cada vez mais estão impedidas de transmitir notícias importantes. Portanto, é perfeitamente possível que acabem se retirando da China.

Ou seja... Acho que a China torna-se cada vez mais rebelde em relação aos Estados Unidos.

"Nesse exato momento, a China está tentando mandar no Japão e nos Estados Unidos"

OIKAWA:
Se você tiver informações a esse respeito, gostaríamos de saber quais vínculos a Aliança Global para a Preservação da História da Segunda Guerra Mundial na Ásia tem com os Estados Unidos.

IRIS CHANG:
Certo... O que vocês querem dizer com "vínculos"?

OIKAWA:
Esse grupo está ligado ao governo americano?

IRIS CHANG:
Bem, veja, eu acho que, depois da Segunda Guerra Mundial, era justo manter o sistema das Nações Unidas em vigor por meio das potências aliadas. Mas, depois que teve início a Guerra Fria entre esses membros permanentes da ONU, perdeu-se o sentido de justiça.

"Quero que meu livro pare de ser impresso"

Temos uma justiça segundo o ponto de vista dos Estados Unidos, mas, desde a onda de terrorismo, esta nação anda estranha. E toda vez que há uma alternância de poder entre os partidos Democrata e Republicano, os padrões de justiça parecem se afastar mais ainda do seu sentido verdadeiro.

Portanto, os americanos não têm realmente condições de julgar se o Japão atual está certo ou errado. E, além disso, há a preocupação de que os Estados Unidos possam ficar sob a esfera de influência da China ainda dentro do tempo de mandato de Obama. Assim, considerando tudo isso, é bem possível que o que eu fiz não fosse a coisa certa...

OIKAWA:
Bom, o que eu pergunto é se a China e os Estados Unidos estão se aproximando a fim de ir contra o Japão...

IRIS CHANG:
Não, é mais do que simplesmente ter relações mais próximas. A China está tentando controlar os Estados Unidos. Fica claro que eles estão tentando fazer isso nesse momento. Estão usando o déficit financeiro dos Estados Unidos para poder controlar o país, certo?

E numa manobra similar, eles olham para a incapacidade do Japão de mudar sua Constituição como um ponto fraco e tentam controlar o Japão por meio da lei, apoiando o partido de oposição no Japão e alguns grupos ativistas da paz. Nos Estados Unidos, estão tentando exercer controle por meio do dinheiro e estou certa de que já começaram a comprar o jornalismo americano também.

Mas, veja bem, eu não estava ciente disso quando escrevi meu livro. E em termos de reportagem investigativa, expor algo grande é muito importante para um jornalista, por isso... Por favor, me perdoem! Eu lamento muito!

Eu quero pedir desculpas a todos do Japão. Meu livro é uma fraude! Por favor, suspendam sua publicação. Não leiam. Ele está equivocado... Eu sinto muito! Eu sinto muitíssimo!

KOBAYASHI:
Gostaríamos que você falasse também aos norte-americanos e chineses, não só aos japoneses.

"Não houve o Massacre de Nanquim. Sinto muito"

"A honra do Japão deve ser restaurada"

IRIS CHANG:
Por favor, não usem meu livro como referência! E evitem também usá-lo de maneira mal-intencionada. Há planos de fazer mau uso do meu livro num esforço para incluí-lo no "Programa Memória do Mundo", mas não quero que ele faça parte disso. Por favor, peço encarecidamente.

Sejam quais forem as circunstâncias, mesmo no país do "Hakuhatsu san-zen jou*", vocês não devem mentir. As mentiras são muito prejudiciais.

As bombas atômicas foram lançadas; isso é um fato. Milhares de pessoas morreram, e isso também é um fato. Do mesmo modo, muitas pessoas foram queimadas até a morte por bombas incendiárias nos Grandes Ataques Aéreos de Tóquio. Não cabe discussão em relação a esses acontecimentos. São fatos. Eles realmente ocorreram.

---

* A frase significa literalmente "Meu cabelo branco mede 3 mil jous (cerca de 10 quilômetros)". Um poeta chinês, Li Bai, usou essas palavras em seu poema para expressar a dimensão de seu sofrimento. É um exemplo das expressões exageradas que os chineses costumam usar para expressar seus sentimentos.

A verdade sobre o Massacre de Nanquim

Mas este livro faz parecer que algo que absolutamente não aconteceu [o incidente de Nanquim], aconteceu. Portanto, a honra do Japão deve ser restaurada; isso é imprescindível.

No entanto, tratava-se de uma guerra, e é claro que houve mortes. Mas pegar tudo isso e usar com outro propósito, com fins de propaganda, vai contra a minha consciência como jornalista. Por isso, peço que as pessoas parem de usar este livro com propósitos antijaponeses, com o objetivo de criar uma oposição ao Japão e com isso justificar a hegemonia chinesa. É isso o que eu peço. E quanto ao fato de alguns japoneses terem feito um grande esforço para criticar meu livro, movidos por um senso de justiça, estou agora com um profundo remorso.

Eu era praticamente desconhecida, e foi por essa razão que me escolheram. Era jovem, queria escrever um livro, ser famosa. Por causa das minhas ambições é que fui escolhida. E como o livro vendeu bem, fiquei feliz. Eu não sou uma grande pensadora, por isso não tinha absolutamente ideia de que o livro pudesse afetar tanto assim os assuntos globais! Na época, não enxerguei as coisas com muita clareza, mas agora vejo que é muito ruim que isso tudo tenha tomado proporções tão grandes.

Não estou de acordo em contribuir para as tentativas da China de ameaçar o Japão, ou com o esforço da China em controlar a região asiática com base na crença equivocada de que o Japão cometeu atrocidades há oitenta anos. Isso não está certo. Isso simplesmente não está certo.

Acredito que seria muito melhor se a China passasse por uma reformulação e se tornasse uma nação democrática, com liberdade de expressão e de culto religioso.

Provavelmente, veremos muitos refugiados fugindo da China. Quero que as pessoas saibam que o fato de ela ter sido prejudicada no passado não pode justificar suas ações presentes.

"Ao povo japonês: Eu sinto muito! Por favor, me perdoem"

IRIS CHANG:
Nunca me passou pela cabeça, por um instante sequer, que um livro como esse pudesse causar tal impacto no povo japonês, e sinto muitíssimo por isso. Sinto muito que minha ambição de triunfar como jornalista tenha se tornado um fardo tão pesado para vocês.

Até que ocorra esse tipo de democratização e liberalização da China que vocês tanto esperam ver acontecer, até que a informação sobre coisas como a maldosa atuação de Deng Xiaoping nos eventos da Praça Tiananmen sejam de total conhecimento do mundo, meu pecado não será perdoado.

Eu sinto muito! Se as pessoas do Japão puderem me perdoar, ficarei muito aliviada. Por favor, me perdoem. Eu lamento muito. Fui usada. Era jovem. Eu não sabia. Sinto muito. Nasci depois da guerra, não tive condições de saber como as coisas se passaram... não tive...

AYAORI:
Bem, hoje, você fez uma confissão muito importante, portanto...

IRIS CHANG:
Sinto muito. Não é possível que alguém que nasceu mais de vinte anos depois da guerra tenha condições de entender. O simples fato de descender de chineses não dá automaticamente esse tipo de compreensão... Quero dizer, durante a guerra, havia muitos, mas muitos japoneses em Xangai e em Nanquim que se mudaram e voltaram para o Japão. Portanto, se alguma coisa dessa magnitude tivesse de fato ocorrido, a notícia sem dúvida teria chegado aos ouvidos do povo japonês.

Se meu livro serviu para fazer com que algo que não ocorreu se transformasse em algo que supostamente aconteceu, sendo que os japoneses que voltaram para casa nunca comentaram nada a respeito disso, eu lamento muitíssimo... Me perdoem!

AYAORI:
Bem, hoje ouvimos uma espécie de confissão arrependida da sua parte, portanto...

IRIS CHANG:
Por favor, por favor, peço que me perdoem. Preciso muito ouvir palavras de perdão... Perdoem-me, por favor.

"Hoje Hitler está na China"

KOBAYASHI:
Esta mensagem espiritual irá se espalhar, não só por todo o Japão, mas também pelos Estados Unidos, pela China e

"Não houve o Massacre de Nanquim. Sinto muito"

pelo mundo inteiro. Assim, se você puder nos apoiar e nos prestar ajuda nisso, acredito que será perdoada.

IRIS CHANG:
Não, não tenho poder para isso. Não tenho poder, mas acho que os ativistas democráticos que estão sendo perseguidos pela China estão em contato com vocês, então, por favor, prestem-lhes ajuda.

Os Estados Unidos não deveriam estar ajudando os grupos antijaponeses da China. Ao contrário, deveriam estar ajudando os ativistas chineses... Posso entender que o governo norte-americano não queira que seu povo descubra que eles reconhecem seus pecados por terem lançado bombas atômicas e incendiado a cidade de Tóquio até reduzi-la a escombros. Mas eles já cometeram centenas de atrocidades nas guerras subsequentes, no Vietnã e no Iraque... Portanto, está na hora de eles colocarem de lado seu orgulho e ficarem do lado da verdade.

Ah, por favor, Deus... Eu imploro que me perdoe! Eu sinto muito. Eu sinto muitíssimo.

Fiz algo horrível aos americanos e aos sino-americanos que acreditam no meu livro e que agem com base nele; ao povo chinês, que está sendo usado por seus políticos ou, em outras palavras, que está sendo submetido a uma lavagem cerebral; e ao povo japonês, que, pela bondade de seu coração, continua se desculpando, sentindo-se culpado por um mal que acredita que seus antepassados fizeram. Eu imploro, por favor me perdoem. Eu lamento muitíssimo!

Se o incidente que descrevi fosse realmente verdadeiro, então as pessoas teriam de encará-lo. Mas esse tipo de acusação falsa, a respeito de algo que absolutamente não aconteceu, deve ser simplesmente descartada.

Quero que as pessoas parem de usar meu livro para moldar a opinião pública, para definir uma política nacional ou para fazer julgamentos sobre questões legais. Por favor, passem a encarar meu livro como uma obra cujo conteúdo é falso.

O país de vocês também está sendo colocado como alvo agora. Está em risco de ser encampado. O Artigo 9 da Constituição japonesa está sendo visto como um ponto fraco, que deixa vocês vulneráveis a uma invasão inevitável.

A China sabe que o Japão não será capaz de opor nenhuma resistência se ela provocar um dano irrecuperável ao Japão dando seu primeiro tiro. Sabe que o Japão só é capaz de contra-atacar e nunca poderá dar o primeiro golpe, portanto imagino que os chineses tomarão a iniciativa da agressão.

E... o que o primeiro-ministro Abe está fazendo agora não representa de modo algum uma segunda vinda de Hitler. Hoje Hitler está na China. Por isso, por favor, não me coloquem desse lado. Eu imploro. Considerem-me fora disso.

KOBAYASHI:
Eu compreendo.

"Não houve o Massacre de Nanquim. Sinto muito"

"Já está na hora de os Estados Unidos também refletirem sobre si mesmos"

IRIS CHANG:
Eu fui assassinada. Então peço a todos vocês que compreendam que fui manipulada para fazer a coisa errada. Quero aproveitar essa oportunidade para dizer a todos os escritores japoneses, críticos, jornalistas e as demais pessoas que criticaram meu livro: "Sim, vocês todos estavam certos. Eu sinto muito".

E, mais ainda, aos escritores e jornalistas que continuam usando minhas palavras em seus trabalhos, quero dizer: "Tudo o que o livro diz é distorcido. É uma tolice achar que fatos que não foram relatados na época poderiam ser descobertos em 1997"... Uf, uf [*ofegante*]... "Não existe isso de um fato vir à luz sessenta anos depois de ocorrido o evento." Eu queria que as pessoas entendessem isso.

Há muitos japoneses que se mudaram da China e voltaram para o Japão. Houve diversas testemunhas. Havia numerosos japoneses em lugares como Xangai e Nanquim, e todos eles voltaram para o Japão. Ou seja, a informação está aí. Se você procurar, irá encontrá-la. Se você perguntar, digamos, a cem pessoas, terá um quadro quase completo daquilo que realmente aconteceu.

Não é bom dizer que algo aconteceu quando na realidade não aconteceu.

Acho que já está na hora de os Estados Unidos também refletirem adequadamente sobre si mesmos. Quanto ao que irá acontecer, especificamente, em consequência da opção dicotômica, é algo que veremos num futuro próximo, mas creio – como deveria colocá-lo? – que é preciso ter consciência do resultado trágico que a escolha pode causar. Peço a vocês, por favor, não façam do meu livro um gatilho para uma nova guerra.

KOBAYASHI:
Certo, certo. Queremos compreender bem sua mensagem e divulgá-la. Vamos informar às pessoas o que você nos revelou aqui.

IRIS CHANG:
Sinto muito... Bem, suponho que a China irá pensar: "os mortos não falam". Mas acredito que algumas pessoas ali irão sem dúvida acreditar na minha mensagem espiritual.

KOBAYASHI:
Certo.

IRIS CHANG:
Tenho certeza de que há pessoas na China que vão acreditar nesta mensagem. Enquanto não conhecerem a verdade, enquanto não souberem quais foram os fatos reais, elas não serão capazes de discernir o bem do mal.

Quero pedir desculpas a todos os honrados soldados japoneses que eu insultei, e quanto à minha declaração de que "prestar homenagem às pessoas do santuário Yasukuni é como adorar uma estátua de bronze de Hitler", quero pedir minhas humildes desculpas a todas as almas que são ali cultuadas.

Peço perdão. Eu sinto muito.

"Não houve o Massacre de Nanquim. Sinto muito"

KOBAYASHI:
Sim, OK.

AYAORI:
Acho que todos vão compreender como você se sente.

IRIS CHANG:
Muito obrigada.

KOBAYASHI:
Muito obrigado por ter comparecido aqui hoje.

IRIS CHANG:
Eu sinto muito...

Comentários finais

Após receber a mensagem espiritual de Iris Chang

OKAWA:
[*Bate palmas uma vez.*] Ahh, isso é terrível.

Quando ela diz: "Eu não pensei em tudo isso", mostra que foi continuamente explorada. Ao que parece, ela imaginava que ao morrer perderia o poder de influenciar as pessoas, mas a verdade é que o próprio fato de estar morta fez dela uma ferramenta ainda mais adequada para que qualquer um use o quanto quiser. Se estivesse viva, poderia dizer que o livro dela está errado. Mas agora não consegue dizer mais nada.

Ela afirma claramente que foi morta, então podemos supor que de fato foi assim. O mais provável é que tenha sido morta para ser silenciada. Devemos supor que ela foi usada e depois descartada. Não é possível que uma pessoa doze anos mais jovem do que eu, ou que algum americano, possa saber a verdade por trás do incidente de Nanquim. Como poderia saber? Não deve haver documentos em inglês. Então, você precisaria ter estado em Nanquim naquela época para saber de fato o que ocorreu.

E eu acho que o senhor Shoichi Watanabe ficou nos meus sonhos desde as três da madrugada porque essa questão provavelmente é a peça mais importante, o ponto de partida. É como se ele quisesse dizer: "Alguém precisa desencavar esse assunto". Por mais que preparemos contra-argumentos, nada irá mudar se ninguém ouvir. E o governo chinês continua usando o mesmo argumento.

No entanto, quando lidamos com uma nação que ainda não consegue dizer quantos estudantes os militares mataram no incidente da Praça Tiananmen em 1989, eu simplesmente não consigo parar de me perguntar como é que uma nação assim poderia ser capaz de saber que os japoneses mataram 300 mil pessoas, há oitenta anos, e saber também quantas pessoas foram estupradas. Isso só pode ser interpretado como um comportamento oportunista. Devo dizer que eles não merecem a honra de ser considerados um país de primeiro nível.

Por exemplo, a China está ostensivamente intimidando o Japão, fazendo ameaças e dizendo que é capaz de abater jatos japoneses à hora que quiser. O Japão deve parecer-lhes muito frágil, pois embora a questão da defesa nacional seja debatida no Parlamento, os partidos de oposição e outros estão tomando o lado da China. Para a China, as nações democráticas provavelmente lhe parecem muito frágeis e incapazes de alcançar um consenso nacional. Os chineses devem sentir que são muito mais fortes com seu controle centralizado.

No entanto, está ficando cada vez mais claro que são eles (a China) que estão sendo cercados. Uma rede está sendo formada pelas nações vizinhas e pelas nações autônomas, que estão juntando forças para contra-atacar. E a Coreia do Sul, que vinha tentando formar uma Aliança China-Coreia

Comentários finais

do Sul, está agora "afundando"* e isso está fazendo com que ela faça uma autorreflexão.

Acredito que a ira de Deus irá cair nos lugares certos. Seria bom se ela se manifestasse por meios justos, mas, caso contrário, poderemos ver muito mais coisas como as inundações de Xangai, que cobriram a área de água até a altura do peito.

Enfim, vou colocar um ponto final nessa questão. Vou trabalhar firme nela com esse intuito.

Muito obrigado.

---

* Em abril de 2014, um barco da Coreia do Sul naufragou, matando cerca de 300 pessoas. O autor deste livro faz uma associação entre esse acidente e as dificuldades que a Coreia do Sul enfrenta hoje.

Epílogo

Portanto, era como eu pensava. Eu sabia que não era possível uma força japonesa composta por apenas 50 mil soldados ter assassinado mais de 300 mil civis em Nanquim. No final das contas, os americanos foram completamente ludibriados e manipulados pela China, que é boa em inventar histórias. E a própria autora, também, foi vítima desse trágico redemoinho. Iris Chang agora parece estar à deriva entre o Reino Infernal de Asura* e o Inferno Sem Fim**. Ela pode ter agido com boas intenções, mas seu pecado é pesado demais.

Ela precisa ser perdoada por todos os japoneses, por todos os americanos e por todos os cidadãos chineses submetidos a lavagem cerebral. No momento, o importante não é quando chegará o dia da salvação para Iris Chang, mas se conseguiremos ou não superar a crise no Japão e na Ásia. Para fazer frente a uma nova "invasão mongol"*** do Japão, primeiro teremos de travar uma batalha ideológica. E precisamos deter a ambição do "Grande Império Chinês", usando para isso o poder da liberdade e da democratização.

Ryuho Okawa
12 de junho de 2014

---

* Reino do Inferno para onde vão após a morte as pessoas agressivas e enraivecidas.
** Reino do Inferno aonde vão após a morte as pessoas que pregaram filosofias ou ensinamentos religiosos equivocados, e guiaram muitas pessoas na direção errada.
*** Como Xi Jinping é a reencarnação de Gêngis Khan, sua atual política expansionista pode ser considerada o equivalente das invasões mongóis do Japão, ocorridas em 1274 e 1281.

Sobre o Autor

O mestre Ryuho Okawa começou a receber mensagens de grandes personalidades da história – Jesus, Buda e outros seres celestiais – em 1981. Esses seres sagrados vieram com mensagens apaixonadas e urgentes, rogando que ele transmitisse às pessoas na Terra a sabedoria divina deles. Assim se revelou o chamado para que ele se tornasse um líder espiritual e inspirasse pessoas no mundo todo com as Verdades espirituais sobre a origem da humanidade e sobre a alma, por tanto tempo ocultas. Esses diálogos desvendaram os mistérios do Céu e do Inferno e se tornaram a base sobre a qual o mestre Okawa construiu sua filosofia espiritual. À medida que sua consciência espiritual se aprofundou, ele compreendeu que essa sabedoria continha o poder de ajudar a humanidade a superar conflitos religiosos e culturais e conduzi-la a uma era de paz e harmonia na Terra.

Pouco antes de completar 30 anos, o mestre Okawa deixou de lado uma promissora carreira de negócios para se dedicar totalmente à publicação das mensagens que recebe do Mundo Celestial. Desde então, até abril de 2014, já lançou mais de 1.500 livros, tornando-se um autor de grande sucesso no Japão e no mundo. A universalidade da sabedoria que ele compartilha, a profundidade de sua filosofia religiosa e espiritual e a clareza e compaixão de suas mensagens continuam a atrair milhões de leitores. Além de seu trabalho contínuo como escritor, o mestre Okawa dá palestras públicas pelo mundo todo.

Sobre a Happy Science

Em 1986, o mestre Ryuho Okawa fundou a Happy Science, um movimento espiritual empenhado em levar mais felicidade à humanidade pela superação de barreiras raciais, religiosas e culturais, e pelo trabalho rumo ao ideal de um mundo unido em paz e harmonia. Apoiada por seguidores que vivem de acordo com as palavras de iluminada sabedoria do mestre Okawa, a Happy Science tem crescido rapidamente desde sua fundação no Japão e hoje conta com mais de 12 milhões de membros em todo o globo, com Templos locais em Nova York, Los Angeles, São Francisco, Tóquio, Londres, Paris, Düsseldorf, Sydney, São Paulo e Seul, dentre as principais cidades. Semanalmente o mestre Okawa ensina nos Templos da Happy Science e viaja pelo mundo dando palestras abertas ao público. A Happy Science possui vários programas e serviços de apoio às comunidades locais e pessoas necessitadas, como programas educacionais pré e pós-escolares para jovens e serviços para idosos e pessoas portadoras de deficiências. Os membros também participam de atividades sociais e beneficentes, que no passado incluíram ajuda humanitária às vitimas de terremotos na China e no Japão, levantamento de fundos para uma escola na Índia e doação de mosquiteiros para hospitais em Uganda.

Programas e Eventos

Os templos locais da Happy Science oferecem regularmente eventos, programas e seminários. Junte-se às nossas sessões de meditação, assista às nossas palestras, participe dos grupos de estudo, seminários e eventos literários. Nossos programas ajudarão você a:

- Aprofundar sua compreensão do propósito e significado da vida.
- Melhorar seus relacionamentos conforme você aprende a amar incondicionalmente.
- Aprender a tranquilizar a mente mesmo em dias estressantes, pela prática da contemplação e da meditação.
- Aprender a superar os desafios da vida e muito mais.

Seminários Internacionais

Anualmente, amigos do mundo inteiro comparecem aos nossos seminários internacionais, que ocorrem em nossos templos no Japão. Todo ano são oferecidos programas diferentes sobre diversos tópicos, entre eles como melhorar relacionamentos praticando os Oito Corretos Caminhos para a iluminação e como amar a si mesmo.

Revista Happy Science

Leia os ensinamentos do mestre Okawa na revista mensal *Happy Science*, que também traz experiências de vida de membros do mundo todo, informações sobre vídeos da Happy Science, resenhas de livros etc. A revista está disponível em inglês, português, espanhol, francês, alemão, chinês, coreano e outras línguas. Edições anteriores podem ser adquiridas por encomenda. Assinaturas podem ser feitas no templo da Happy Science mais perto de você.

Contatos

Templos da Happy Science no Brasil

Para entrar em contato, visite o website da Happy Science no Brasil: http://www.happyscience-br.org

TEMPLO MATRIZ DE SÃO PAULO

Rua Domingos de Morais, 1154, Vila Mariana,
São Paulo, SP, CEP 04010-100.
Tel.: (11) 5088-3800; Fax: (11) 5088-3806
E-mail: sp@happy-science.org

TEMPLOS LOCAIS

SÃO PAULO
Região Sul:
Rua Domingos de Morais, 1154, 1º andar,
Vila Mariana, São Paulo, SP, CEP 04010-100
Tel.: (11) 5574-0054; Fax: (11) 5574-8164
E-mail: sp_sul@happy-science.org

Região Leste:
Rua Fernão Tavares, 124, Tatuapé, São Paulo, SP,
CEP 03306-030. Tel.: (11) 2295-8500; Fax: (11) 2295-8505
E-mail: sp_leste@happy-science.org

Região Oeste:
Rua Grauçá, 77, Vila Sônia, São Paulo, SP, CEP 05626-020
Tel.: (11) 3061-5400
E-mail: sp_oeste@happy-science.org

A verdade sobre o Massacre de Nanquim

JUNDIAÍ
Rua Congo, 447, Jd. Bonfiglioli, Jundiaí, SP
CEP 13207-340; Tel.: (11) 4587-5952
E-mail: jundiai@happy-science.org

RIO DE JANEIRO
Largo do Machado, 21 sala 607, Catete, Rio de Janeiro, RJ
CEP 22221-020; Tel.: (21) 3243-1475
E-mail: riodejaneiro@happy-science.org

SOROCABA
Rua Dr. Álvaro Soares, 195, sala 3, Centro, Sorocaba, SP
CEP 18010-190; Tel.: (15) 3359-1601
E-mail: sorocaba@happy-science.org

SANTOS
Rua Itororó, 29, Centro, Santos, SP, CEP 11010-070
Tel.: (13) 3219-4600
E-mail: santos@happy-science.org

Templos da Happy Science pelo Mundo

A Happy Science é uma organização com vários templos distribuídos pelo mundo. Para obter uma lista completa, visite o site internacional (em inglês):

www.happyscience.org.

Localização de alguns dos muitos templos da Happy Science no exterior:

Contatos

JAPÃO
Departamento Internacional
6F 1-6-7, Togoshi, Shinagawa, Tokyo, 142-0041, Japan
Tel.: (03) 6384-5770, Fax: (03) 6384-5776
E-mail: tokyo@happy-science.org
Website: www.happy-science.jp

ESTADOS UNIDOS
Nova York
79 Franklin Street, New York, NY 10013
Tel.: 1- 212-343-7972, Fax: 1-212-343-7973
E-mail: ny@happy-science.org
Website: www.happyscience-ny.org

Los Angeles
1590 E. Del Mar Boulevard, Pasadena, CA 91106
Tel.: 1-626-395-7775, Fax: 1-626-395-7776
E-mail: la@happy-science.org
Website: www.happyscience-la.org

São Francisco
525 Clinton Street, Redwood City, CA 94062
Tel./Fax: 1-650-363-2777
E-mail: sf@happy-science.org
Website: www.happyscience-sf.org

Havaí
1221 Kapiolani Blvd, Suite 920, Honolulu, HI 96814, USA
Tel.: 1-808-537-2777
E-mail: hawaii-shoja@happy-science.org
Website: www.happyscience-hi.org

AMÉRICAS CENTRAL E DO SUL

MÉXICO
E-mail: mexico@happy-science.org
Website: www.happyscience.jp/sp

PERU
Av. Angamos Oeste, 354, Miraflores, Lima, Perú
Tel.: 51-1-9872-2600
E-mail: peru@happy-science.org
Website: www.happyscience.jp/sp

EUROPA

INGLATERRA
3 Margaret Street, London W1W 8RE, UK
Tel.: 44-20-7323-9255, Fax: 44-20-7323-9344
E-mail: eu@happy-science.org
Website: www.happyscience-eu.org

ALEMANHA
Klosterstr. 112, 40211 Düsseldorf, Germany
Tel.: 49-211-9365-2470, Fax: 49-211-9365-2471
E-mail: germany@happy-science.org

FRANÇA
56 rue Fondary 75015, Paris, France
Tel.: 33-9-5040-1110, Fax: 33-9-5540-1110
E-mail: france@happy-science-fr.org
Website: www.happyscience-fr.org

Outros Livros de Ryuho Okawa

O Caminho da Felicidade
Torne-se um Anjo na Terra
IRH Press do Brasil

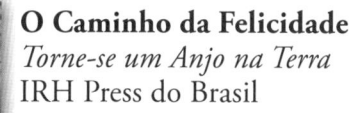

Aqui se encontra a íntegra dos ensinamentos da Verdade espiritual transmitida por Ryuho Okawa e que serve de introdução aos que buscam o aperfeiçoamento espiritual. Okawa apresenta "Verdades Universais" que podem transformar sua vida e conduzi-lo para o caminho da felicidade. A sabedoria contida neste livro é intensa e profunda, porém simples, e pode ajudar a humanidade a alcançar uma era de paz e harmonia na Terra.

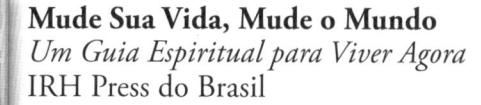

Mude Sua Vida, Mude o Mundo
Um Guia Espiritual para Viver Agora
IRH Press do Brasil

Este livro é uma mensagem de esperança, que contém a solução para o estado de crise em que nos encontramos hoje. É um chamado para nos fazer despertar para a Verdade de nossa ascendência, para que todos nós, como irmãos, possamos reconstruir o planeta e transformá-lo numa terra de paz, prosperidade e felicidade.

A Mente Inabalável
Como Superar as Dificuldades da Vida
IRH Press do Brasil

Muitas vezes somos incapazes de lidar com os obstáculos da vida, sejam eles problemas pessoais ou profissionais, tragédias inesperadas ou dificuldades que nos acompanham há tempos. Para o autor, a melhor solução para tais situações é ter uma mente inabalável. Neste livro, ele descreve maneiras de adquirir confiança em si mesmo e alcançar o crescimento espiritual, adotando como base uma perspectiva espiritual.

As Leis da Salvação
Fé e a Sociedade Futura
IRH Press do Brasil

O livro analisa o tema da fé e traz explicações relevantes para qualquer pessoa, pois ajudam a elucidar os mecanismos da vida e o que ocorre depois dela, permitindo que os seres humanos adquiram maior grau de compreensão, progresso e felicidade. Também aborda questões importantes, como a verdadeira natureza do homem enquanto ser espiritual, a necessidade da religião, a existência do bem e do mal, o papel das escolhas, a possibilidade do armagedom, o caminho da fé e a esperança no futuro, entre outros.

O Próximo Grande Despertar
Um Renascimento Espiritual
IRH Press do Brasil

Esta obra traz revelações surpreendentes, que podem desafiar suas crenças. Essas mensagens foram transmitidas pelos Espíritos Superiores ao mestre Okawa, para que ele ajude você a compreender a verdade sobre o que chamamos de "realidade". Se você ainda não está convencido de que há muito mais coisas do que aquilo que podemos ver, ouvir, tocar e experimentar; se você ainda não está certo de que os Espíritos Superiores, os Anjos de Guarda e os alienígenas de outros planetas existem aqui na Terra, então leia este livro.

Outros livros de Ryuho Okawa

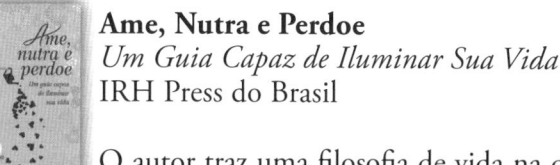

Ame, Nutra e Perdoe
Um Guia Capaz de Iluminar Sua Vida
IRH Press do Brasil

O autor traz uma filosofia de vida na qual revela os segredos para o crescimento espiritual através dos estágios do amor. Cada estágio representa um nível de elevação no desenvolvimento espiritual. O objetivo do aprimoramento da alma humana na Terra é progredir por esses estágios e desenvolver uma nova visão do maior poder espiritual concedido aos seres humanos: o amor. O livro ensina aspectos como a Independência e a Responsabilidade, que podem transformar a vida das pessoas.

As Leis da Imortalidade
O Despertar Espiritual para uma Nova Era Espacial
IRH Press do Brasil

Milagres estão ocorrendo o tempo todo à nossa volta. Aqui, o mestre Okawa revela as verdades sobre os fenômenos espirituais e ensina que as leis espirituais eternas realmente existem, e como elas moldam o nosso planeta e os outros além deste. Milagres e ocorrências espirituais dependem não só do Mundo Celestial, mas sobretudo de cada um de nós e do poder contido em nosso interior – o poder da fé.

A Essência de Buda
O Caminho da Iluminação e da Espiritualidade Superior
IRH Press do Brasil

Este guia espiritual mostra como viver a vida com um verdadeiro significado e propósito. Apresenta uma visão contemporânea do caminho que vai muito além do budismo, a fim de orientar os que estão em busca da iluminação e da espiritualidade. Aqui você descobrirá que os fundamentos espiritualistas tão difundidos hoje na verdade foram ensinados por Buda Shakyamuni e fazem parte do budismo, tais como os *Oito Corretos Caminhos, as Seis Perfeições e a Lei de Causa e Efeito, o Vazio, o Carma, a Reencarnação, o Céu e o Inferno, a Prática Espiritual, a Meditação e a Iluminação.*

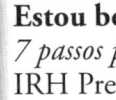

Estou bem!
7 passos para uma vida feliz
IRH Press do Brasil

Diferentemente dos textos de autoajuda escritos no Ocidente, este livro traz filosofias universais que irão atender às necessidades de qualquer pessoa. Um verdadeiro tesouro, repleto de reflexões que transcendem as diferenças culturais, geográficas, religiosas e raciais. É uma fonte de inspiração e transformação que dá, em linguagem simples, instruções concretas para uma vida feliz. Seguindo os passos deste livro, você poderá dizer "Estou bem!" com convicção e um sorriso amplo, onde quer que esteja e diante de qualquer circunstância que a vida lhe apresente.

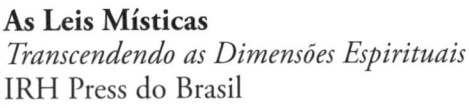

As Leis Místicas
Transcendendo as Dimensões Espirituais
IRH Press do Brasil

A humanidade está entrando numa nova era de despertar espiritual graças a um grandioso plano, estabelecido há mais de 150 anos pelos espíritos superiores. Aqui são esclarecidas questões sobre espiritualidade, ocultismo, misticismo, hermetismo, possessões e fenômenos místicos, canalizações, comunicações espirituais e milagres que não foram ensinados nas escolas nem nas religiões. Você

Outros livros de Ryuho Okawa

compreenderá o verdadeiro significado da vida na Terra, fortalecerá sua fé e religiosidade, despertando o poder de superar seus limites e até manifestar milagres por meio de fenômenos sobrenaturais.

As Leis do Futuro
Os Sinais da Nova Era
IRH Press do Brasil

O futuro está em suas mãos. O destino não é algo imutável, e pode ser alterado por seus pensamentos e suas escolhas. Em meio à diversidade cultural do mundo, qual cultura milenar poderá se tornar um alicerce para estabelecer os conceitos de educação, liderança e princípios sociais? Que tipo de espiritualidade devemos adotar para transformar a Terra num planeta de luz? Aqui estão as respostas: podemos encontrar o Caminho da Vitória usando a força do pensamento para obter sucesso na vida material e espiritual. Desânimo e fracasso são coisas que não existem de fato: são lições para o nosso aprimoramento nesta escola chamada Terra. Precisamos buscar novos desafios e encará-los de forma positiva para construir um futuro digno de seres em evolução. Ao ler este livro, a esperança renascerá em seu coração e você cruzará o portal para a nova era.

A Última Mensagem de Nelson Mandela para o Mundo
Uma Conversa com Madiba Seis Horas Após Sua Morte
IRH Press do Brasil

A Série ENTREVISTAS ESPIRITUAIS apresenta mensagens recebidas de espíritos famosos e revolucionários da história da humanidade e de espíritos guardiões de pessoas ainda encarnadas que estão influenciando o mundo contemporâneo. Este livro traz o relato de Nelson Mandela (1918-2013), que veio até o mestre Okawa seis horas após seu falecimento e transmitiu sua última mensagem de amor e justiça para todos, antes de retornar ao Mundo Espiritual. Porém, a revelação mais surpreendente deste livro é que Mandela é um Grande Anjo de Luz, trazido a este mundo para promover a justiça divina.

As Leis da Perseverança
*Como romper os dogmas da sociedade
e superar as fases difíceis da vida*
IRH Press do Brasil

Ao ler este livro, você compreenderá que pode mudar sua maneira de pensar e assim vencer os obstáculos que os dogmas e o senso comum da sociedade colocam em nosso caminho. Aqui, o mestre Ryuho Okawa compartilha seus segredos no uso da sabedoria da perseverança e do esforço para fortalecer sua mente, superar suas limitações e resistir ao longo do caminho que o conduzirá a uma vitória infalível.

Manifesto do Partido da Realização da Felicidade
Um Projeto para o Futuro de uma Nação
IRH Press do Brasil

Nesta obra, o autor declara: "Devemos mobilizar o potencial das pessoas que reconhecem a existência de Deus e de Buda, além de acreditar na Verdade, e trabalhar no sentido de construir uma utopia mundial de fato. Devemos fazer do Japão o ponto de partida de nossas atividades políticas, e causar impacto nas pessoas do mundo todo. Pretendemos promover uma revolução global

Outros livros de Ryuho Okawa

simultânea, no sentido correto". Iremos nos afastar de todas as forças políticas que trazem infelicidade à humanidade, confrontá-las, criar um terreno sólido para a verdade e, com base nessa verdade, vamos administrar o estado e conduzir a política do país.

As Leis do Sol
As Leis Espirituais e a História que Governam Passado, Presente e Futuro
Editora Best Seller

Neste livro poderoso, Ryuho Okawa revela a natureza transcendental da consciência e os segredos do nosso universo multidimensional, bem como o lugar que ocupamos nele. Ao compreender as leis naturais que regem o universo, e desenvolver sabedoria através da reflexão com base nos Oito Corretos Caminhos ensinados no budismo, o autor tem como acelerar nosso eterno processo de desenvolvimento e ascensão espiritual.

As Leis Douradas
O Caminho para um Despertar Espiritual
Editora Best Seller

Os Grandes Espíritos Guia de Luz têm sempre estado presentes na Terra em momentos cruciais, para cuidar do nosso desenvolvimento espiritual: Buda Shakyamuni, Jesus Cristo, Confúcio, Sócrates, Krishna e Maomé, entre outros. Este livro apresenta uma visão do Supremo Espírito que rege o Grupo Espiritual da Terra, El Cantare, revelando como o plano de Deus tem sido concretizado neste planeta ao longo do tempo. Depende de todos nós vencer o desafio, trabalhando juntos para ampliar a Luz.

As Leis da Eternidade
A Revelação dos Segredos das Dimensões Espirituais do Universo
Editora Cultrix

Cada uma de nossas vidas é parte de uma série de vidas cuja realidade se assenta no Outro Mundo espiritual. Neste livro esclarecedor, Ryuho Okawa revela os aspectos multidimensionais do Outro Mundo, descrevendo suas dimensões, características e as leis que o governam, e explica por que é essencial compreendermos a estrutura e a história do mundo espiritual, e com isso percebermos com clareza a razão de nossa vida – como parte da preparação para a Era Dourada que está por se iniciar.

As Chaves da Felicidade
Os 10 Princípios para Manifestar a Sua Natureza Divina
Editora Cultrix

Os seres humanos estão sempre em busca da felicidade; no entanto, tornam-se cada vez mais infelizes por não conseguirem realizar seus desejos e ideais. Neste livro, o autor ensina os 10 princípios básicos da felicidade – Amor, Conhecimento, Reflexão, Mente, Iluminação, Desenvolvimento, Utopia, Salvação, Autorreflexão e Oração –, que podem servir de bússola para uma vida espiritual, permitindo que cada um de nós traga felicidade e crescimento espiritual para si mesmo e para todos à sua volta.

Outros livros de Ryuho Okawa

O Ponto de Partida da Felicidade
Um Guia Prático e Intuitivo para Descobrir o Amor, a Sabedoria e a Fé
Editora Cultrix

Como seres humanos, viemos a este mundo sem nada e sem nada o deixaremos. Entre o nascimento e a morte, a vida nos apresenta inúmeras oportunidades e desafios. Segundo o autor, podemos nos dedicar à aquisição de bens materiais ou procurar o verdadeiro caminho da felicidade – construído com o amor que dá, não com o que recebe, que acolhe a luz, não as trevas, emulando a vida das pessoas que viveram com integridade, sabedoria e coragem. Okawa nos mostra como alcançar a felicidade e ter uma vida plena de sentido.

Curando a Si Mesmo
A Verdadeira Relação entre Corpo e Espírito
IRH Press do Brasil

O autor revela as verdadeiras causas das doenças e os remédios para várias delas, que a medicina moderna ainda não consegue curar, oferecendo conselhos espirituais e de natureza prática. Ele mostra os segredos do funcionamento da alma e como o corpo humano está ligado ao plano espiritual.

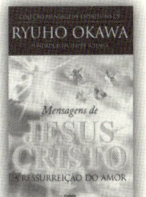

Mensagens de Jesus Cristo
A Ressurreição do Amor
Editora Cultrix

Jesus Cristo tem transmitido diversas mensagens espirituais ao mestre Okawa, que vem escrevendo muitos livros de mensagens espirituais recebidas de seres elevados como Buda, Jesus, Moisés, Confúcio etc. O objetivo das mensagens é despertar a humanidade para uma nova era de espiritualidade.

Pensamento Vencedor
Estratégia para Transformar o
Fracasso em Sucesso
Editora Cultrix

O pensamento vencedor baseia-se nos ensinamentos de reflexão e progresso necessários aos que desejam superar as dificuldades da vida e obter prosperidade. Ao estudar esta filosofia e usá-la como seu próprio poder, você será capaz de declarar que não existe derrota – só o sucesso.

As Leis da Felicidade
Os Quatro Princípios para uma
Vida Bem-Sucedida
Editora Cultrix

O autor ensina que, se as pessoas conseguem dominar os Princípios da Felicidade – Amor, Conhecimento, Reflexão e Desenvolvimento –, elas podem fazer sua vida brilhar, tanto neste mundo como no outro, pois esses princípios são os que conduzem as pessoas à verdadeira felicidade.

GRÁFICA PAYM
Tel. (11) 4392-3344
paym@terra.com.br